サラリーマン生活を30倍楽しくする本

中村 憲二

文芸社

目次

はじめに

現在、人類がコロナ禍を体験したことは、「幸せとは何か？」「生きるとは何か？」を考え直す大きな転機になったことでしょう。

「サラリーマン生活後半には、自分の本を出版したい」と真剣に考えた時期がありました。ですが、多忙な日々を隠れ蓑にして、実現することはありませんでした。

しかし、コロナ禍がほぼ収束した今、この機を逃してはもう出版の道は閉ざされるかもしれないとの思いが芽生え、この度、出版を決意しました。本書を手に取ってくださった、多くのサラリーマンの方々に、ぜひご自身に問いかけていただきたいことがあります。

それは、名匠黒澤明監督の映画『生きる』についてです。この作品は私のサラリーマン生活にも衝撃を与えた一本です。主人公は、公務員生活を可もなく不可もなく過ごし、中間管理職としてひたすら書類に目を通しハンコを押すだけの毎日でした。だが、彼は当時不治の病とされていたガン、それも今でいうステージ4と診断されました。その事実が主人公に鋭く迫りました。「自分は果たして何のために生きてきたのか？」と自問自答します。そして公務員生活の終盤に地域住民のために何かを成し遂げようと決意します。老いぼれた主人公が夜の公園でブランコに一人乗り、「命短し恋せよ乙女……」と歌いながら、これまでの自分の半生を振り返り、残りの人生を自分らしく正直に生きようと決意する感動的なシーンが白黒のスクリーンに大写しになります。観客はこのシーンと、自分の人生と重ね合わせることになるのです。

人生は自分探しの長く曲がりくねった旅の連続と言っても過言ではないと私は思います。

サラリーマン生活は多くの場合、人生の大半を占めています。それにコンマを打ち、今、新たなステージに立ち、今を懸命に生きる一人のサラリーマン、その生活を面白おかしく覗き見しながら、自らをリセットする一助になればと考え、本書をまとめることとしました。

今、私は強く次のことを考え、行動しています。それを読んでいただきながら、始めていきたいと思います。

学生時代は自分のために生きた。

家族を持ったら、自分と家族のために生きた。

そして、子どもたちが巣立った後は、自分と家族と人（他者）のために生きよう。

第一部　私はザ・サラリーマン

第一章　サラリーマン生活とは何か？

・学生生活とサラリーマン生活の違い

サラリーマンの誰もが感じていること。それは、学生生活とサラリーマン生活との違いでしょう。入試に合格し、入学金と授業料を払いさえすれば、誰でもバラ色の学生生活を謳歌できます。入学さえすれば、授業に出ようがアルバイトに精を出そうが部活動に燃えようが、全くの自由です。

一方、サラリーマン生活はどうでしょうか？　入社さえすれば、誰でもバラ色のサラリーマン生活を約束されているでしょうか？　答えは、「否」。誰もが分かっています。

サラリーマン生活に入ると、給料とボーナスと引き換えに働かなくてはなりません。働くということは、報酬と引き換えに自分の労働力を会社のために提供するということです。法的に言えば労働契約を締結して、会社が求める目的のために働かなくてはならないのです。

学生生活では自由を手にする一方で、サラリーマン生活では労働力を提供して会社のために働かなくてはなりません。多くの場合、自分の意思に拘らず会社経営に人生の大半を捧げることになります。

・サラリーマン生活は苦痛なのか？

それでは、サラリーマン生活は灰色なのでしょうか？　答えは「人それぞれ」。場合によっては、灰色というより真っ黒なのかもしれません。しかしながらサラリーマン生活も発想や着眼を変えれば、楽しいものになるかもしれません。

会社の流れだけに任せず、主体的にサラリーマン生活を楽しめるかどうかは、個々人の意識と心構えにかかっているのかもしれません。

・サラリーマン生活は辛いことばかりではない

私は、企業にとって買い手市場の時代に就職戦線に突入しました。一流大学に入学したなら一流企業を目指したいというのが多くの就職学生の心理だったかと思われます。

私は、当時最も人気のあった商社や損保、生保業界を志望していました。そしてラッキーなことに当時業界第二位の損害保険会社に入社しました。競争率はかなり高かったと思います。

私は大学四年間を学業、体育会系の部活動、家庭教師や塾講師のアルバイトに懸命に励んでいたので、他学生と比較しても自信を持って、会社面接に臨むことができました。

この会社で六十歳の定年まで職務を全うしました。振り返ってみれば、山あり谷あり。決して順風満帆とは言えませんでした。

辛いことも数多く経験しました。駅のホームから飛び降りる、トラックや乗用車が走る幹線道路に飛び込む寸前ということもありました。

しかし何とかしぶとく生き残り、サラリーマン生活を全うすることができたのです。

・転勤が私を強くした

全国に数多くの拠点がある企業では、数年に一度転勤があります。

引っ越し費用や人事の停滞にも拘らず、企業目線での転勤のメリットは大きく二つあるかと思われます。

一つは社員と地元客との便宜供与や癒着防止。もう一つは、昇進、昇格を社員に与えることによる、マンネリ打破と人事の活性化だと思います。

一方で、社員にもメリットが二つあるかと考えられます。一つは企業と同じく昇進、昇格の機会を得て成長していくこと。もう一つは、仮に仕事上で失敗したり、成績が振るわなかったとしても心機一転が図れることでしょう。

私の場合もご多分に漏れず転勤の連続でした。損害保険会社には全国津々浦々に拠点がありま す。おおむね三~四年サイクルで転勤となりました。東京、名古屋、大阪、徳島、金沢、仙台…を転々としました。しかしながらラッキーなことに、私は三大都市と比較的大きな地方都市ばかりでしたので、働く場所としては、不便は感じませんでした。

しかし、先に述べたように私のサラリーマン生活は、決して順風満帆ではなく、管理職の立場で成績不振に陥ったこともありました。会社の業績命令と代理店指導の欠落や部下の能力不足などが一身に降りかかり、前に進むことも、後退することもできなかった苦悩の日々を過ごし、悶々とすることもありました。しかし転勤により、新天地で復活して、成果を出すことも叶いました。

損害保険業界も銀行業界同様に自由化、規制緩和の波が押し寄せ、合併、経営統合を繰り返し、社員二万人規模になっていました。

熟年期には社内キャリアや保有資格などから、企業年金営業推進のスペシャリスト社員として社長賞を二度も獲得しました。

長いサラリーマン生活には紆余曲折、波乱万丈を辿ることが多いかと思われます。失敗したり不振に陥ったとしても、決してそのまま終わらず諦めない精神力と忍耐力があれば復活する機会に恵まれるでしょう。

・第二のサラリーマン生活

会社生活の最後で私は大きな決断を迫られました。

多くの会社はある程度の年齢で定年となります。そこで大きく二つの道が浮上します。そのまま再雇用で会社に残るか、文字通り定年を迎え転職するかの二者択一です。

人によっては、定年で会社生活にピリオドを打ち、退職金と公的年金、企業年金、預貯金などの金融資産で生計を営む人もいるでしょう。

結論からいうと、私は転職の道を選びました。しかしながら、巷のノウハウ本や指南書にあるように、五十代から周到な準備をしていたわけではありません。次の道が閃いたというのが的確かもしれません。

私は、いわゆるサラリーマンらしくないサラリーマンでした。会社生活には出世競争が付き物です。私も入社早々は出世競争を意識しました。しかしながら、上意下達一辺倒の人事システムには疑問を持ちました。もちろんサラリーマンですから労働契約に違反して好き勝手にやるわけにはいきません。

上司とは一定の距離感を保ちながら、成果を挙げようと思い行動しました。チームや課支社の成績が上がると上司は喜びます。そして成果を上げている社員を適正に評価しようとします。

入社してから定年までの長い会社生活で、経理会計、一般営業（リテール営業）、株式運用、企業営業（ホールセール営業）、地区総務、国家プロジェクト出向、本社総務、不動産、企業年金営業推進と幅広い業務を担当しました。最終的には企業型確定拠出年金制度を企業に導入してもらう営業推進に携わる専門社員となり、それまでの社内キャリアが集大成されていると感じることもできました。

定年前に選択を迫られた時、可能なら最後の業務を社内に残って担当したいという希望がありました。しかし、再雇用社員は、どのような職務に就くかは不明ということが分かり、最初は定年退職の道を選択しました。

ところが、突然転職の道が閃いたのです。そして、ある人物が思い浮かんだのです。その人は私より二十歳以上年下の男性です。

彼とは社外のセミナーで知り合いました。彼が所属する企業は独立系の資産運用会社で、投資信託商品を運用する会社です。確定拠出年金を販売促進する部署の唯一の社員でした。セミナーで知り合ってから、おせっかいな私は企業の情報漏洩とならないように注意しながら資料提供をし、情報交換をしました。

定年前の選択を迫られた時に、突然彼の存在が浮かんだのでした。即座に彼に会うためアポイントを取りました。「貴君の会社で、私を買いませんか?」とアピールして、彼も上司や社長に取り計らい、二次の面接を経て、彼が働く会社に首尾よく入社できました。私は初の営業社員として入社することになり、彼と同じ確定拠出年金チームの社員となったのです。増員でした。

こうして第二のサラリーマン生活が始まり、一年ごと更新の嘱託社員として五年間を全うすることができました。

入社するにあたり、社長からのミッションは、営業成果を求めるというよりも、私が損害保険会社で得た知識、経験、ノウハウを若い社員に伝授してもらいたい、というものでした。この会社で働く社員は会長や社長を除けば、三十歳前後の若い人たちばかりでした。社長からのミッションを意気に感じた私は惜しみなく自分が培ってきたものをトランスファーするように行動しました。

若い人たちと触れ合うことにより、こちらも元気やエネルギーをたくさんもらいました。前半の三年間はとても楽しく、充実した第二のサラリーマン生活を過ごすことができました。

しかしながら、楽しいことばかりではありません。苦しいことが到来しました。そう、コロナ禍です。

コロナウイルスの感染が拡大すると、私のような営業職は基本的に外での営業活動ができなくなりました。緊急事態宣言下では、社外営業活動も自粛となります。長い間、内勤としての仕事から離れていた私は見る見るうちに覇気がなくなりました。

ちょうどその頃、同居していた長男も結婚準備のため家を出ることになりました。将来的な生活資金の確保や一部残っている借金返済など、諸々の問題が一遍に押し寄せてきた感じがありました。この頃、あまりに心配事が押し寄せたこともやえも言われぬ喪失感から睡眠障害に陥りました。

最初の会社生活でもドン底だと思った時期がありましたが、妻の言葉や支えで何とか乗り越えて来ました。しかし、その妻も病のために旅立っていましたので、孤独感に苛まれました。神経内科にも通いました。私の元気の源である「まいにち一万歩」——九年以上まいにち一万歩を歩いてきたのに、当時は一日に二千歩程度歩くのがやっとという状況が続きました。

「あなたのこれまで培ってきた知識や経験を若い社員たちに伝えて欲しい」

という社長からのミッションを果たせるのだろうか？　この歴史の浅い会社で、言わば両手両足をもぎ取られた状況下、果たして自分の役割が果たせるのだろうか？　と、思い悩みながら単調な日々が続きました。

会社としても、このような少々高給な社員を必要としなかったでしょう。こうして第二のサラリーマン生活はちょうどキリの良い五年間で円満退職となりました。

第二章　人生とサラリーマン生活

・就職と就社

世の中では学生時代を経て、就職活動（いわゆる就活）に入ります。昨今では、人手不足といわれながらも、企業側の買い手市場と思われます。人によっては数十社面接を受けても一社も内定がもらえない、という話をよく聞きます。

一方、企業としてもできるだけ優秀な人材を採用しようと選考します。人手不足の時代とはいえ、学生も企業もマッチングに苦労します。

就活の時期には、とりわけ、学生の方に多くのストレスがかかるように思われます。なぜなら現状の日本においては、就職が即ち就社だからです。職種や職業よりも会社のネームバリューや福利厚生制度を含めた待遇の良い会社に就職したいという意識が働きがちです。

・就社とサラリーマン

就職、就社といっても大企業も中小企業もあります。公務員の道を選ぶ学生もいます。難関試験に合格して霞が関の省庁を目指す人もいれば、自分の故郷の地方自治体の役所で地域住民のために公平な行政サービスに携りたいという人もいます。

平成二十七年十月一日に「被用者年金一元化法」が施行され、被用者の年金制度が厚生年金に統一されました。企業も役所も働く人たちは厚生年金に加入しなければならず、その意味では企業で働く人も役所で働く人も、いわゆるサラリーマンといえるでしょう。

・企業も役所もサラリーマン

新卒採用されたら、企業に入社した人も公務員になった人もサラリーマン生活に入ります。先述したように企業の社員も役所に入所した公務員も厚生年金に加入し、事業者と折半して厚生年金保険料を負担するという意味では同じサラリーマンなのです。形はどうあれ、毎月支給される月給や年に二回、支給される賞与（期末手当）を得て生活を営みます。

・人生とサラリーマン生活

最近では大学を卒業してすぐに起業する人も出現してきました。しかしながら多くの場合、企業に就職したり、公務員試験に合格して省庁や役所に入り公務員や団体職員になります。月給や賞与を得て企業や役所や団体のために就労する、いわゆるサラリーマンになるということです。

サラリーマン生活は過酷です。サラリーマン生活では企業や役所、団体といった組織のために働くことになります。多くの場合、自分の好き嫌い、得意不得意に拘らず組織に所属し、その組織の目的や目標のために働きます。理想と希望に満ちてサラリーマン生活に入っても、きつい仕事や厳しい仕事が待っていたりします。多くのサラリーマンは自分や家族を養うために、一生懸命働きます。給与や賞与を得ているので、ある意味では馬車馬のように働きます。多くの場合、自分の人生を企業や役所、団体という組織のために捧げます。組織のために働くことが人生そのものだというサラリーマンも多く存在することでしょう。

・私の半生とサラリーマン生活

織田信長の時代は人生五十年でした。私のサラリーマン生活バリバリの時代には人生八十年といわれていました。そして、今や人生百年時代を迎えました。新聞、雑誌、テレビ、ラジオなどのマスメディア、SNSまでもが人生百年を謳っています。

二〇二一年九月一日時点の住民基本台帳によると、百歳以上の百寿者人口は、前年より六〇六〇人増えて八六五一〇人となりました。

もはや「私の人生とサラリーマン生活」ではなく、「私の半生とサラリーマン生活」と題して筆を進めます。

私という人間、私の人格、私の性格は当然のことながら、サラリーマン生活で得られたものではありません。両親のDNAを引き継ぎ、幼少の頃から小学校、中学校などの初等教育、中等教育を受けながら、形成されてきました。詳しくは後編の『サラリーマン生活を30倍楽しもう』で述べることとして、ここでは私のサラリーマン生活について述べたいと思います。

私のサラリーマン生活は大別して二つのステージに分かれます。一つは大学を卒業して、新卒入社した業界第二位の損害保険会社と、もう一つは、定年後、培ってきた知見を活かして転身した独立系直販投資信託運用会社です。

・サラリーマン生活で意識し行動したこと

ここまでペンを進めてきて、自分なりに気付いたことがあります。それは話がありきたりで面白みに欠けてしまったことです。

そこで、私らしく脱線してみることにします。世間的に見て一流企業と呼ばれる企業に運よく入社することができた私ですが、反骨精神というか、あまのじゃくな面も持ち合わせている私は、いわゆるサラリーマンらしくないサラリーマンでいたいと思いました。サラリーマン生活にドップリ浸かっていると、本来の自分を見失う危機感を覚えました。

長くサラリーマン生活を送るにつれて自分らしさを失うのではないか？　そんな危機意識から自分を見つめ直し、自己分析をし、自分自身の棚卸しをすることにしたのです。

・サラリーマン生活で考え実践したこと

やはり最も骨格となるポリシーを明確にすることから始めました。キャッチフレーズ的に書き出しました。即ち人生訓を明確にすることでした。

私の人生訓は「一生勉強、一生青春（遊び心を大切に）」。これは恐らく書家の相田みつを氏の言葉です。有楽町にある東京国際フォーラムの相田みつを美術館には何度も足を運びました。「一生勉強、一生青春」のフレーズは私の心の奥底にまで入ってきたように思います。中堅社員になった頃、プライベート名刺（巻末参考資料P185）を作成したのですが、中心にはこのフレーズを人生訓として挙げています。

さて、私がサラリーマン生活で考え、実践したことを箇条書きにしてみます。

1. 外の世界を学ぶ
2. 社外で通用するスキルを磨く
3. 社外の友人を大事にする
4. 知識、教養を広げる
5. 趣味を多く持つ
6. たくさんの映画を観る
7. 健康に留意し身体を鍛える
8. 新聞投稿を通じて社会とつながる
9. 外国語を学ぶ
10. コンサートや観劇でセンスを磨く
11. 馴染みの飲食店の店主やママとつながる

これらは「学び」「社外」「交流」「健康」「楽しみ」などにジャンル分けできると思います。すると私の人生訓である「一生勉強、一生青春（遊び心を大切に）」に通じるのではないでしょうか。

サラリーマンでありながら、サラリーマン生活らしからぬ考えや行動ばかりで、決して出世のための社内人脈や社外人脈の形成やビジネス書の読破などではありませんでした。

どちらかといえば、自分を軸として主体的に遊び心を育みながら外に向けて、明るくて楽しいことをするということでしょうか。

社内出世や競争にばかり気を取られていると内向きになり、考えや行動が窮屈になり、自分らしさを見失ってしまうのではないか？　と自問自答しました。

しかしながら社業をおろそかにしたり、サボったりするわけではありません。社内での成果目標を達成させるために奮闘したし、自分の所属する営業部署の目標達成のためにチームワークも重視しました。ただ同じ結果を達成しても、私にはどこか変わり種というか遊び心を持って臨んだように思います。

先述したサラリーマン生活で考え実践した十一項目の具体的な内容については、後編に譲ることとして、第三章に進みます。

第三章　人生は三段階

・人生三段階とは何か

昭和の時代は、「人生は三段階」とされてきました。即ち「教育」「仕事」「引退」です。有名な絵画では、「女性の三時代」として「幼少期」「若年期」「老齢期」にある三人の女性を通じて女性の人生を表現しています。

現状、六十歳定年が約七割、六十五歳定年が約二割とのことですが、私が新卒入社した企業は、六十歳定年でした。昭和の時代の人生は八十年でした。すると人生三段階なら「教育」の期間が二十年、「仕事」の期間が四十年、「引退」の期間が二十年となります。人生が三段階なら「仕事」の期間が人生の半分を占めることになります。

・仕事は人生そのもの

日曜夕方に今でもテレビ放映されているアニメ『サザエさん』の波平さんは昭和の時代の典型的なサラリーマンでした。磯野波平さんの年齢は五十四歳とのこと。漫画『サザエさん』が世に出されたのは昭和二十一年。その当時のサラリーマンの定年は五十五歳でした。

つまり波平さんのドラマ設定は「定年前夜」ということになります。また、昭和二十一年時点での「敬老」の対象は五十五歳だということでした。五十四歳の波平さんにガツガツした出世意欲は見られません。波平さんは二十四歳のサザエさん、そのご主人、二十八歳のフグ田マスオさんの良き相談相手であり、尊敬すべき人生の先輩なのでしょう。

アニメの中での波平さんは七十八年経過した現在でも五十四歳のままなのですが、現在のイメージなら十歳プラスした六十四歳くらいでしょうか？　アニメでは波平さんの将来が描かれているわけではありませんので何とも言えませんが、人生三段階なら間違いなく「仕事」からそろそろ「引退」を迎え、恐らく平静で穏やかな（引退）生活を送るものと推察します。

私の勝手なイメージではアニメ『サザエさん』の時代背景の主たるものは、昭和三十年代から四十年代の高度経済成長期。日本が最も元気だった時代なのではないかと思います。個人的には私の幼少の頃と重なります。「24時間戦えますか？」と栄養ドリンク剤のコマーシャルソングにもあるように、当時のサラリーマンは馬車馬のように働きました。その頃の典型的サラリーマンの余暇は月一のゴルフ程度で、これといった趣味なんてない人たちが多かったように思います。そのような時代背景にも拘わらず波平さんにはいくつかの趣味があったようです。囲碁、盆栽、釣り、俳句、骨董品の収集などです。これは当時のサラリーマンにしてみれば多趣味といえるでしょう。

一方、二十四時間戦う意識を持った当時の平均的サラリーマンの一生はどのようなものだったでしょうか？

・井上陽水の名曲に思う

井上陽水の楽曲の世界を知っている人なら誰もが、『人生が二度あれば』を聴くと涙することでしょう。私もその一人です。とても感傷的になり、改めて自分を生み育ててくれた両親への感謝の思いが強くなります。歌詞の骨子は、父は今年で六十五歳。顔のシワは増えてゆくばかりだ。仕事にずっと追われてきたが、最近少しゆとりができた。黙って湯飲みに映る自分の顔をじっと見ている。子どもを育て生計を立ててきた父の姿を見て、子どもである自分は「父の人生が二度あればよいのに」と思う、泣ける歌詞です。

井上陽水のこの名曲がどうして人々の胸を打ったのでしょうか？　恐らくこの曲がヒットした時代の男性の平均寿命が七十五歳くらいで、この曲の父の年齢六十五歳からするとあとわずか十年しか余生が残っていない。しかも健康寿命は七十歳にも満たなかったでしょうから、陽水が当時の父のことを思った時に、素直に「人生が二度あれば」と感じたのでしょう。

・人生三段階を私の人生に置き換える

人生が三段階として私の人生に置き換えてみると、「教育」の期間が二十年、六十歳定年制だったので、「仕事」の期間が四十年、とここまでは波平さんと同じです。

しかしながら波平さんの時代とは違って、現在では誰もが人生百年時代を否定することはなくなりました。親類や周囲に百寿者がいるのもそれほど難しいことではなくなりました。そうなると私の「引退」後の期間は差し引き四十年となります。

大学卒業以来、就職してから定年の六十歳までの約四十年間は私にとっては決して短いものではありませんでした。だとすれば、私は「引退」後の四十年という圧倒的に長い期間をどのように過ごせばよいのでしょうか。

サラリーマンは引退すればただの人にすぎません。そして毎日が日曜日となります。あと四十年間も毎日が日曜日だと思うと気が遠くなってしまいそうです。

第四章　3ステージモデルからマルチステージモデルへの転換

・人生百年時代

七～八年前に一冊の本が世界を席巻しました。『ライフ・シフト100年時代の人生戦略』（リンダ・グラットン／アンドリュー・スコット著／東洋経済新報社）です。共著の一人イギリス人の教授リンダ・グラットンは何度も来日してインタビューや講演、テレビ出演など、世界中で時の人となりました。かなり分厚い書籍であったため、要約本やマンガ本、雑誌も多く出版され、私も当時数冊読みましたし、講演会にも足を運びました。

主な骨子は次の通りです。国連推計によれば二〇五〇年までに日本の百歳以上人口は、百万人を突破する見込みです。二〇〇七年生まれの子どもの半数が百七歳まで生き得るというのです。

この本は単なる未来予想本ではなく、確かなデータに基づいた説得力ある提言書でもあったため、当時、政界、財界、企業の人事部門まで飛び付きました。
出版された当時の日本では「人生は八十年」というのが定説となっていましたので、リンダ・グラットンの「人生は百年」という主張や提言には当初かなり違和感や抵抗感がありました。

・ライフ・シフトが教えること

リンダ・グラットンは著書の中で、人生百年時代には私たちを取り巻く社会も経済も人間の心理も医療も人口構成も変化していくと指摘しています。

確かに井上陽水の『人生が二度あれば』の六十五歳の父は、現在では七十五歳や八十歳、いや八十五歳のイメージかもしれません。さらに言えば、六十五歳の父の年齢を超えてしまった私は、心身ともに健康で、若者のような心で日常生活を送っています。

私のような高齢者、いえ、敢えてシニアという表現をしますが、そんな元気なシニアが、巷にあふれています。幸か不幸か日本ではシニアが健康であれ、不健康であれ、サラリーマンでいる限り、六十歳定年制や再雇用制度での六十五歳で就労止めという企業が圧倒的多数です。元気なシニアが多数いる中で、労働市場では人手不足が叫ばれています。要するに昭和モデルが持続していて、世の中の実態にマッチしていないことになります。

このような現状を誰もが認知しているからこそ、政府も財界も企業の人事部門も人生百年時代を否定せず、さまざまな制度の見直しや改変を試みようとしています。

・人生百年時代に起こること

人生百年時代に起こること、それはズバリ誰もが百歳まで生き得ることです。

「もはや戦後ではない」という名言は、何と昭和三十一年度の経済白書に登場したものです。第二次世界大戦後、ほんの十年で敗戦国ニッポンは驚異的な復興を遂げました。それこそ井上陽水の『人生が二度あれば』の六十五歳になる父や波平さん、「24時間戦えますか」と栄養ドリンクを飲みながら奮闘した先輩方が一生懸命仕事に励んでこられたおかげです。

日本は世界でもトップレベルの長寿国となりました。二〇二〇年の平均寿命は、男性が八十一・六四歳で世界二位、女性が八十七・七四歳で世界一位です。これらの数値は年々ジリジリと高くなっているので、もはや人生百年時代に抗えなくなってきました。

誰もが人生百年時代を疑わない現代において、起こり得ることも一方で出現してきました。例えば、六十歳定年制で引退したら、空白の四十年が生まれてしまいました。従来、経験したことのない事態が起こってしまったのです。

・人手不足の解決策

日本の喫緊《きっきん》の課題。それは紛れもなく「少子高齢化」です。「少子高齢化」を因数分解すると「少子化」と「高齢化」に分かれます。少子化を甘く見てきた現代日本は今後確実に人口減少していきます。少子化は即ち働き盛りの若者の減少を意味します。

人手不足の解消策はおおむね次の三つに集約されるでしょう。即ち、①元気な高齢者に再び働いてもらう、②家庭に入った女性に働いてもらう、③外国人労働者を受け入れる、の三つです。更に付け加えるとすれば、ＡＩロボットなどの積極活用でしょう。これらの解消策を有機的に活用すれば人手不足はある程度解消するでしょう。しかしながら人口減少の根本解決とはなりません。人口減少を本気で根本解決するのなら少子化にフォーカスして解決するしか道はありません。

・今後はシニアも働く社会に

政府や国もただ現状を呆然と指を咥えて見ているわけではありません。青写真を描いています。令和元年度の経済財政白書は、高齢者や女性、外国人を含む多様な人材の活躍を促すことが望ましいとし、そのためには長期雇用や年功的な賃金制度を特徴とする「日本的雇用慣行」の見直しが重要であると強調しています。

・老後二千万円問題

老後二千万円問題とは二〇一九年に実施された金融庁の金融審議会「市場ワーキング・グループ」の報告書によって、「老後の三十年間で約二千万円が不足する」と発表され、話題になった問題です。ここでいう老後とは公的年金支給開始年齢である六十五歳が想定されています。従来からファイナンシャルプランナー（ＦＰ）などからも同様の話題が提供されていましたが、国がいきなり国民に対し資産形成の必要性の提案というより警鐘を鳴らしたことで物議を醸しました。

人生百年時代は即ち長生きのリスクと裏腹です。長生きは本来喜ばしいことですが、恒常的な食費、光熱費などの生活費の支出や病気、ケガなどのリスク上昇に伴う医療費や介護費などが嵩みます。

人間は、食べ物を食べなければ生きられません。仙人だって霞《かすみ》を食べます。生きとし生けるものがすべて食べなければ生きられないのです。即ちお金がなければ生きていくことはできません。自給自足の原始時代には戻れません。

人生百年時代の長生きリスクは、老後二千万円問題にも直結しています。政府、具体的には金融庁が国民に対し、資産形成の重要性を訴え、あらゆる機会を設けて説明しています。

二〇二四年からは従来のＮＩＳＡ制度を拡充して、新ＮＩＳＡ制度をスタートさせました。

・人生百年時代で何が変わるか

私のようなシニアは公的年金の恩恵を得るラストの世代、即ち逃げ切り世代といわれています。確実な人口減少社会において人手不足を埋めるためにも労働市場、社会ではシニアを活用することになります。一方でシニアの方にも人生百年時代を生き残るためにも老後二千万円問題を解決するためにも再び働く機会が増大するでしょう。

大胆に言えば、今後、私のようなシニアの子や孫の世代では七十代さらには八十代まで働かなくてはならない時代が到来します。

このような環境が現実のものになると従来の「人生は三段階」「人生は３ステージ」即ち「教育」「仕事」「引退」という３ステージの人生が崩壊することになります。

例えば、今後四十代のサラリーマンが3ステージモデルを踏襲すると次のような事態に陥る可能性があります。五十代では自分の保有するスキルが時代遅れになり、職場では窓際に追いやられます。六十代では引退後に最終所得の五〇％の生活資金を確保するための貯蓄が不足します。そして七十代フルタイムのサラリーマン生活を引退後、受給額が削減され、受給開始年齢も段階的に七十歳まで引き上がります。公的年金の受給額が削減され、予想よりずっとひもじい生活を強いられることになります。

それでは、こんな悲しいみじめな未来予想図から脱却するための道や方法はないのでしょうか？　その一つの解答が、リンダ・グラットンが提唱する「3ステージモデルからマルチステージモデルへの転換」です。

マルチステージという概念が現状においては大変不透明であると私は思います。というのも明確なロールモデルがほとんど不在であるからです。逆にいえば人によって、人生によって、いくつものマルチステージが考えられ、これから生きていく子や孫の世代が独自に作り上げていくものだと考えられます。

馬鹿の一つ覚えのように政府の岸田元首相が唱えている「リスキリング」。一つの企業の中だけに留まらず複数の企業を渡り歩いたり、就労期間の途中に他国に留学したり、独立したり、一つの企業に留まるにしても自らの能力を高め、職種の幅を広げたりする必要性が求められます。これまでの寄らば大樹からＯＮＥ＆ＯＮＬＹ（唯一無二）のマルチステージを自らが作り上げていく時代が早晩到来するでしょう。それがイヤな人、できない人は、ひたすら旧態依然とした3

ステージモデルに固執し、大変な思いをしながら百年人生を生きることになります。

第五章　サラリーマンの宿命

・サラリーマンの本質

日本国語大辞典によれば、サラリーマンとは「会社、団体などに継続的、定期的に勤めて、サラリーをもらっている人。勤め人。月給取り。給与生活者」とあります。

またウィキペディアによれば、「雇用主から給与を得て生活している者、または、そのような給与所得者によって構成された社会層をいう」とあります。「なお、この社会層には公務員、銀行員なども含まれるが、高級官僚や会社役員は給与生活者ではあるが、サラリーマンには含まれない」とされています。

それでは、その社会層にはどれだけの人がいるのでしょうか？　総務省統計局の労働力調査によると六九〇二万人もいます。その内六十五歳以上が九二七万人、十五歳から六十四歳までのいわゆる生産年齢人口は五九七五万人です。赤ちゃんから最高齢者までの全人口の半分がサラリーマンということになります。

これらの定義によるとサラリーマンの本質が見えてきます。即ち、自らの存在により、持てる精神的肉体的労働力を提供して、その見返りに経済的金銭的報酬を得ることです。具体的には毎月決められた日に給与という形で報酬を得ることです。給与（サラリー）を受け取る人がサラリーマンということになります。それでは、誰のために働き、誰から給与を受け取るのでしょうか？　答えは明白で、給与を提供してくれる人、つまり会社や団体の利益のために働き、給与を得ることになります。

・サラリーマンの宿命

サラリーマンの本質が会社や団体の利益のために自ら持てる労働力を提供して、その見返りとして給与を得るというギブアンドテイクであることは十分認識しておく必要があります。

赤ちゃんから最高齢者までの全人口のうち、半数を占めるサラリーマン。とりわけ日本のサラリーマンは残業も多く、諸外国から働き過ぎ、ワーカホリックなどと揶揄されてきました。また、社会学者エズラ・ヴォーゲルの著書『ジャパン・アズ・ナンバーワン』は、当時の日本が特に製造業の品質や効率性、経済、科学技術、教育、社会制度など、世界で最も優れた国であることを示しました。これはまさに第二次世界大戦の敗戦国であるにも拘らず、私たちの先輩たちが懸命に働いてきたことの証左のように思います。

しかしながら時代の推移とともに世界地図が塗り替えられてきました。かつての経済力はアメリカに次いで世界第二位の座を誇っていたのですが、お隣の中国に抜かれ直近ではドイツにも抜かれ、世界第四位に転落してしまいました。近い将来、中国を抜いて世界一の人口となったインドの後塵を拝することも時間の問題かもしれません。

人類の歴史上、大きな革命となったインターネットの進展が世界地図を塗り替えたと言っても過言ではありません。

このような劇的な環境変化にも拘らず、日本のサラリーマンの労働実態は時代の趨勢に応じたものになっているでしょうか？　時折報道される過労死やその裁判のニュースは、日本のサラリーマンの働き方が、まだ昭和モデルを引きずっているという実態を明らかにしているようです。

サラリーマンの本質は先に述べた通りですが、給与が支払われる会社や団体や役所に遠慮してサービス残業を放置したままにしていないでしょうか？

サラリーマンの宿命は、給与を受け取るサラリーマンが支給する主体の利益のために働くことです。この図式は武家の時代、鎌倉時代などから変わっていません。下級武士たちは藩主、殿様の利益のために働き、「禄《ろく》」という形で対価を得ます。関ヶ原の戦いを頂点とする戦国時代、その後の平穏とされた江戸時代も変わらない図式です。

もちろん、昭和、平成、令和と時代が流れても基本的な図式は変わらないでしょう。しかしながら現代では社長一人の利益のために働くというよりも、大企業、中小企業、国、地方自治体、団体という組織体の利益のために働くという図式でしょう。

「サラリーマンの宿命」という表現でネット検索してみました。するとたくさんの概念が出てきました。狭義で言えば、サラリーマンには転勤や出向、人事異動が付き物です。人事異動に関する小説、ドラマ、映画などは数多く描かれてきたし、今後もさまざまな視点で作品が世に出てくると思われます。

また、親と子の関係のようにサラリーマンは上司を選べないというのが宿命である、とも説明されていました。イヤで嫌いな上司よりも部下思いの優しい上司に巡り会いたいというのも人情です。

次のように指摘する向きもあります。サラリーマンは安定と引き換えに人事や仕事量の差配が会社に握られているという側面です。そして、サラリーマンを特徴づける構造的な要因を次のように挙げています。先ず上司を選べないということ。次に人事権が会社にあるということです。そして仕事量の差配も会社にあるということです。例えば与えられた仕事量を自分なりに工夫し、段取り良く定時で退社すると、上司はその部下がまだまだ余裕があるとみて、新たな別の仕事を与えることがよくあります。それならとグズグズ上司の顔を窺いながら仕事をしていると、残業が恒常的になり、ストレスも蓄積します。このような昭和のニオイを引きずったままの職場や会社はまだまだ多いと考えられます。

第六章　サラリーマン生活は定年が終幕か?

令和四年の厚生労働省「就労条件総合調査結果の概況」によると、定年制度を定めている企業は九四・四%で、定めていない企業は、五・六%となっています。私が新卒採用された企業は六十歳定年でした。当時の企業はほとんど例外なく六十歳が定年でした。

しかしながら二〇一三年以降、高年齢者雇用安定法が二度にわたって改正され、企業には高年齢者の雇用機会の更なる拡大が義務付けられました。即ち二〇一三年の法改正では六十五歳までの雇用機会確保が義務になりました。そして二〇二一年の法改正では七十歳までの就業機会が努力義務になりました。

このような背景には一般的に二つの要因があるとされています。一つは少子高齢化による労働力不足問題への対応、二つ目は労働意欲のある高年齢者への環境整備です。私見では、もう一つ挙げられると思います。それは、公的年金の財源問題にあると睨んでいます。公的年金の支給開始年齢は現在は原則として六十五歳ですが、令和四年四月から老齢年金の繰り下げ受給の上限年齢が七十歳から七十五歳に引き上げられ、年金受給開始時期を七十五歳まで自由に選択できるようになりました。当然ながら明るみに出ることはありませんが、国の本音は公的年金支給開始年齢を引き上げ、企業にも定年年齢を引上げてもらうということでしょう。すると抜け落ちてしまっているのがサラリーマン自身です。

先輩方がめでたく六十歳で定年を迎え、悠々自適の老後を送っているのに、自分たちの世代は七十歳や七十五歳まで働かなくてはならないのか？　と半ば嘆きの声が聞こえてきます。

このような環境変化には必ず激変緩和措置が施されます。二〇一三年に六十五歳までの雇用機会を確保するための改正が行われました。

二〇二五年四月以降は次の三つのうち、いずれかの措置を講じることが企業の義務となります。一つは六十五歳までの定年の引き上げ、二つ目は定年制の廃止、三つ目は六十五歳までの継続雇用制度の導入です。

次に二〇二一年には七十歳までの就業機会を確保するための改正が行われました。企業には次の五つのうちいずれかの措置を講じる努力義務があります。一つは七十歳までの定年の引き上げ、二つ目は定年制の廃止、三つ目は七十歳までの継続雇用制度の導入、四つ目は七十歳まで継続的に業務委託契約を締結する制度の導入、五つ目は七十歳まで継続的に次の事業に従事できる制度の導入です。二つあって、一つは事業主が自ら実施する社会貢献事業、二つ目は事業主が委託、出資等する団体が行う社会貢献事業となっています。

いずれの法律改正の経過措置は多岐にわたるため多様化複雑化します。今や長く続いた六十歳定年制は時代の要請により影をひそめることになります。

本章のタイトルの結論は、必ずしも定年が終幕とは言い切れないということになります。

第七章　定年後は黄金の日々

・私の定年

先述した通り、私たちの時代の新卒就社者は、ほとんど例外なく六十歳定年制でした。

私がまだ二十代、三十代の若い頃には例外なく先輩方は六十歳で定年となりました。比較的恵まれた退職金を受給し、悠々自適の老後を送った先輩方が多かったと思われます。

私が定年を迎える頃は、二〇一三年以降だったので、六十五歳までの雇用機会を確保するための改正により、三つの選択肢のうち、多くの企業が三つ目の継続雇用制度を導入しました。いわゆる再雇用制度です。

私が長く在籍した会社は、当面定年延長をしないスタンスだったので具体的には三つの選択肢が考えられました。一つは文字通り定年を迎え新たな仕事もせず引退する。二つ目はそのまま会社に残る選択です。これが再雇用制度ということになります。一旦、六十歳で定年を迎え、退職金を得てから新たな雇用契約を結びます。一年ごとに更新し、最長六十五歳までの再雇用です。まだ引退するには早いと考える同期たちの多くは、この再雇用制度でそのまま同じ会社に残ります。

私は前二者のいずれでもなく、三つ目の選択肢を選ぶことにしました。即ち定年と同時に他の道に転身することでした。

・私の転身

実は私の希望は、そのまま会社に残り同じ仕事を続けることでした。しかしながら労働契約上、これまでと違った契約になるので、定年直前の専門的な仕事に就けるかどうかは全く不透明であることが判明しました。その仕事で社長賞を二回も獲得したので、ある意味では油断していました。情報収集不足だったのです。

私のそれまでの生き方はコツコツ慎重で堅実な歩みでした。一つ一つコツコツと積み重ねていくのが苦ではなかったため、仕事も派手さはないもののきっちりと進めていくタイプだと思います。ただ発想、着想はありきたりではなく、外の空気も大事にしていました。仕事の業務能力を深掘りするためにも知識の幅や深さを追求して、数多くの資格試験にもチャレンジしてきました。

しかしながら定年後の転身については、そのような内容について書かれた本を数冊読む程度で先輩方のリアルな体験談を収集することもなく、大変情報不足だったと思います。

新卒学生が就職する時のような真剣さにも欠けていました。

・ある偶然なめぐり逢い

私の定年直前の仕事は企業型確定拠出年金制度の導入の提案でした。いわゆる、ＤＣ制度と呼ばれる退職金制度の導入提案を企業に対して行うというものでした。未取引企業への導入提案を行うため営業力、提案力、調整力などが問われる新入社員など若い社員ではなく、ベテラン社員に相応しいやり甲斐ある仕事でした。またこれまでの社歴である一般営業、企業営業、株式運用などのキャリアがすべて活かせる仕事であったため、私にとっては社内での天職だと考えていました。

私はこの仕事の内容そのものの知識、技術のブラッシュアップ、関連法令の改正動向や最新情報を得るために確定拠出年金に関する社外のセミナーには積極的に参加しました。

あるセミナーで受講生の中に、三十代後半の若い男性がいました。セミナー終了後にその人が講師に熱心に質問しているのを目の当たりにしました。「さわかみ投信」という聞き覚えのある会社名をキャッチした私は、その質問者が講師に質問し終えた後に声を掛けました。さわかみ投信の創業者である澤上篤人氏は長期投資の元祖とも位置付けられる有名人でした。いわゆる独立系資産運用会社のパイオニアでした。私が一年間でパフォーマンス結果が求められる短期投資の株式運用ファンドマネージャーの時に、澤上篤人氏のセミナーに何度か足を運び、直接質問したりしていました。

セミナー終了後に二人で近くの喫茶店に行きました。その後、私は社外に出向いて行く業務スタイルだったので、機密情報以外の情報提供をしたり、彼の会社での業務進行などにも関心を示し、何か役立つことがあればとの思いで何度も彼の会社を訪れました。

・第二の職場

先述した通り、私の定年後の道の選択肢は数多く残されていませんでした。体力的にも気力的にも定年後、完全に引退する選択はなかったので、再雇用であと残り五年間を慣れ親しんだ会社生活を送るのか、単身の道を自ら求めるしかなかったのです。

私の希望は、社歴の集大成ともいえる企業型確定拠出年金制度の企業への導入提案の仕事を慣れ親しんだ会社で再雇用でも働き続けたいというものでした。しかし再雇用で同じ仕事に就ける保証はありません。

それならばどうすればよいのか？　思い悩んで閃いたのがセミナーで知り合った彼だったのです。会ってしばらく互いの近況報告をしたのち、私が発した言葉「あなたの会社で私を買いませんか?」と。今から思えばよくそんな一言が出たものだと思います。

彼も彼で、「分かりました。すぐに人事面談の手続きを行います」と。

こうして私はその独立系資産運用会社である、「さわかみ投信」に入社したのです。配属部署は彼がいる確定拠出年金チームでした。後日談ですが、彼の方でも少しずつ導入企業数が増えてきたので、人材を増員する環境があったようです。まさに渡りに船とはこのことかもしれません。世の中には運やチャンスが見えないところに潜んでいるものだと思いました。

・定年後は黄金の日々

こうして私は、第一の職場で定年まで数々の業務を全うした後、人との縁にも恵まれ、幸運にも切れ目なく第二の職場を得ることができました。

第二の職場では残業はほとんどなく、夕方からは自己啓発や趣味を広げ、また、深めました。ちょうどこの頃、ハングルの勉強にも楽しみを覚え、趣味の映画鑑賞も年間百本から二百本、遂には平均して毎日一本、年間三六五本以上を鑑賞しました。一方では、ライブハウスに足を運び、生バンドの前のスペースに出てダンスする趣味の幅も広げました。

まさに、「定年後は黄金の日々」を謳歌しました。

・コロナ禍がもたらしたもの

二〇一九年から全世界の人々を悩み苦しめたもの、それは地震でも津波でもありません。「C

OVID19」「新型コロナウイルス感染症」です。発生したのは二〇一九年でも、日本に上陸し感染拡大したのは二〇二〇年でした。人類の歴史上パンデミックと呼ばれるものはたびたび発生していいます。歴史を紐解くと紀元前から発生したようですが、世界で四千万人以上が死亡したというスペイン風邪に比類するものでした。

日本でも緊急事態宣言がたびたび発令され、飲食店への立入りも制限され、企業活動も外訪活動が制限されました。第二の職場で四年目を迎えていた頃でした。第二の職場では外訪活動が中心でしたので手足をもぎ取られたような形となり、ほとんど皆がそうであったように私の生活リズムも一変しました。

一方で、二人の子どもたちの教育時期に転勤となった金沢の賃貸マンションから次男が結婚のため退居した後も、ほとんど無人のマンションの家賃を払い続けたことのストレスも加わりました。そして武蔵小杉の賃貸マンションに同居していた長男も結婚のため家を離れることになり、コロナ禍というパニックの時期に次から次へと大事なものを奪われ、私は何ともいえぬ喪失感に襲われました。

「定年後は黄金の日々」とはいうものの、百年に一度あるかどうかのパンデミック及びその他の荒波に、私の定年後の天気予報は晴れのち雷雨となったのでした。こうして第二の職場も五年間勤務した後、失意のうちに離れることになりました。

第八章　生涯現役

・ハローワークは万能ではない

コロナ禍の終息が見えない中、何とか五年間を全うして第二の職場を去りました。その後何をどのように進めていくかが不透明な中、取り敢えず失業手当の一時金の受給を申請する一方で、第三の職場を求めて、求人募集情報を収集するのですが、私が二つの企業で培ってきた金融経済分野の求人はほとんどありませんでした。

求人があったとしてもすべて年齢制限がありました。六十五歳以上の求人の中に私がこれまで歩んできたフィールドのものは皆無でした。

世の中の矛盾を感じました。少子化による人材不足が顕著にも拘らず、意欲ある高齢者にさえ雇用の門戸は閉ざされたままでした。

高齢者にとっては厳しい労働環境でありましたが、私自身の情報収集不足も否めない事実でした。コロナ禍さえなければ、もう少し第二の職場に残る道はあったかもしれません。危機感を持って次の職場を模索し、人脈を広げる努力も怠っていたように思います。

また、ハローワークの担当者に相談しても、私のような金融専門の人材に雇用のヒントや情報を提供してくれることはありませんでした。意欲ある高齢者には現状のハローワークはほとんど無力なことも分かりました。

・就職浪人時期を無力のまま過ごす

溝ノ口にあるハローワークには、二、三回で通うのをやめたら、一遍に気力も喪失してしまいました。コロナ禍の終息がまだ見えない中、アウトドア派の私が自宅にいる時間が増え、話し相手もいない。テレビの情報番組のコメンテーターを批判するような言葉しか発しないような日々が続きました。

・一つの動機付け

悶々とした日々を無気力に過ごす中、アメリカのメジャーリーグで活躍する大谷翔平選手がパワーの源として、自炊生活では焼き鮭とブロッコリーをよく食べていることを知り、何かヒントを得たような気がしました。これまで長かった単身赴任生活中に、三食外食ばかりだった私は一念発起というか、目の色が変わったように自炊生活に入りました。昼か夜は毎日、フライパンで鮭を焼き、ブロッコリーを茹でて食べると美味しいし、栄養もあるし、少しずつ気力を取り戻すきっかけとなりました。この面では大谷翔平選手に感謝です。

話が少し脱線します。私の故郷である大阪に居酒屋の銘店があります。日本で最初に居酒屋部門のミシュラン星を獲得したことから料理に関する雑誌をはじめ数々の雑誌、新聞、テレビ番組にも取り上げられました。とりわけ二〇一三年六月十日放送ＮＨＫ『プロフェッショナル仕事の流儀』で取り上げられてからは、なかなか予約の取れない居酒屋となりました。その主人公である店主が私の実弟です。そのプロの料理人と競っても到底勝ち目がないこともあり、私は料理を作ることはせず、ひたすら食べることに専念しました。超豪華な料理を食べることはありませんが、味の良し悪しが分かり、舌は肥えていました。

食通を自負していても料理を作るのは苦手です。でも切り身の鮭を焼き、ブロッコリーをカットして茹でるだけの自炊生活を続けたことが私の命に明かりを灯したのだと思います。料理や調理に少し関心を持つことになった私は次のステップに進むことになります。NHK・Eテレで放映しているビギナーズのための五分間の料理番組を楽しむようになりました。毎月番組の雑誌を購入しながら視聴することが次の転身へのトリガーとなったのです。

・一枚のチラシ

私はマンションの一室に住んでいます。賃貸マンションなので、管理人の目もないため一階のロビーにある郵便ボックスには毎日のように広告チラシが入ります。不動産物件、子どもの学習塾、美容やヨガ教室などのチラシです。私にはこれらのチラシは無用の長物であり、一瞥したらすぐに折りたたんで部屋のゴミ箱に捨てます。

ある日、一枚のチラシが私の目に留まりました。目が釘付けになったのです。それは、学生寮の調理補助スタッフの求人募集でした。徒歩五分以内という距離も大変魅力的でした。ちょうど、料理に関することに興味を覚えてきたところだったし、若い大学生たちと接することができます。

チラシの裏面は応募のための履歴書になっていたので、すぐに履歴書を作成し、応募必要書類を送ると同時に募集窓口にも電話で問い合わせました。

・第三の職場

応募したらすぐに採用面接の電話がありました。自宅に最も近い学生寮の食堂責任者との面接に応じました。感触は良かったので、あと残り三～四人との面接の結果を待っていました。運良く採用内定の連絡を受け、翌月の二〇二三年一月五日採用となり、働き始めました。

調理補助職というネーミングが的確かと思います。この会社は手広く運営されており、複数の管理栄養士が作成したレシピに基づいて事業所ごとの専属コックが調理します。私のようなスタッフは、盛り付けをし、お客さんである学生に食事を提供し、戻ってきた食器を手洗いで軽く汚れを落としたあと食洗器にかけ、乾燥機で乾燥させた食器を収納するまでが一連の仕事となります。慣れてくればそれほど難しい仕事ではありません。

・ひょっとしたら天職

まさか金融関連一筋の私が料理に関わる仕事に就くなんて、私の二人の子どもたちや親しい友人たちも意外だと感じたでしょうし、私自身も不思議に思います。

現在は自宅のある武蔵小杉と東急東横線の元住吉との間に位置する有名私立大学の国際学生寮が私の職場となります。国内学生、帰国生、海外留学生が百六十名程度居住する国際学生寮です。

私は第二の職場に若い人たちが多かったこともあり、若い学生たちとの交流が苦になったことがありません。また世界中の多くの国々からインターナショナルスチューデントとして半年から一年、長い人で二年間程、日本で学んでいる留学生も大勢居住します。中にはベジタリアンやビーガンたちもいて食堂を利用しない学生もいますが、毎日延べ百名程度が食堂を利用します。海外留学生の共通語はやはり英語です。私もある程度の英会話力がありますが、どのような表現をすればスムーズに伝わるかなど、再度、英語を学び直す大きな動機付けとなっています。

食堂を利用する学生たちの全員と会話を交わします。四月新年度や十月の海外留学生入れ替わり時期には、また一から一人ひとりの学年、学部、特徴などをインプットします。接客直後、ほんのひと時にメモをし、帰宅してからその日の振り返りとともに学生たちとの会話のやり取りなどをノートにまとめます。そうすることによって、次回はその情報をベースに、更に中身の濃い会話に展開していきます。

国内外の学生たちも人格を備えた人間です。ノリの良い学生もいれば、「はい」「いいえ」程度の返事しか返ってこない学生もいます。また、友だち同士グループで食べる人、一人でスマホを脇に置いて食べる人もいます。私にとってはそれら一人ひとりの姿を見るのがヒューマンウォッチングにもなっています。

仲の良い友だち同士で会話をしながら笑顔で食事をしている学生たちの姿を見ては、若いパワーをお裾分けしてもらっているようで、楽しい気分にさせてもらっています。

海外留学生たちには英語で話しかけることになります。いきなり出身国を訊くのも唐突なので、先ずは「話しかけてもいいですか?」「訊いてもいいですか?」と切り出すと全員から「イエス」が返ってきます。次には、「何を学んでいますか?」「専攻は何ですか?」から始めて、出身国を訊くとスムーズに答えてくれます。アメリカ、ハワイ、チリ、アルゼンチン、グアテマラ、ブラジル、イギリス、フランス、ドイツ、中国、台湾、フィリピン、インド、ベトナム、シンガポール、韓国など、まさにワールドワイドです。

旅行に行ってきたからと土産のお菓子をもらったり、それほど深いコミュニケーションが図れなかったのに、帰国する直前に一緒に記念写真を撮りたいというリクエストもありました。

私は、さほど成績優秀な学生ではなかったですが、学ぶことと勉強することが好きで、今でも学生の気分が抜けないままです。なので、決して上から目線にならずに学生の目線に合わせて情報を提供したり、交換したりしています。まさに学生同士のような会話をしています。

学生寮の食堂での仕事は、なかなかハードです。延べ百人の食器をすべて汚れが残らないように手洗いしますが、食事の提供に学生が多く並ぶと、どうしても洗い場の食器が溜まります。手洗いした食器を金網カゴにバランス良く入れて、乾燥機に出し入れする時には重量も重いため腕や足腰に負荷がかかります。立ちっ放しの五~六時間仕事はかなりハードです。

このような仕事や国内外の学生とのコミュニケーションで毎日が慌ただしく過ぎていきます。金曜日を除く平日の四日間は、おおむねこのようなライフスタイルです。ありがたいことに、週末の金曜日を含めると必ず三日間の連休となります。三連休が毎週あるわけなので旅行の計画も立てやすいし、東京都北区に住む長男家族や石川県金沢市に住む次男家族にも会いに行けます。

それぞれ小さな子ども、つまり私の孫たちもいるので楽しみともなっています。

夕方から二十三時までの限られた時間さえしっかり働けば、あとはすべて私のフリータイムとなります。幸か不幸か早寝早起きでショートスリーパーの私にはかなりのフリータイムがあります。毎日通う朝カフェで自分のペースで三時間過ごすことも、第一の職場、第二の職場では叶わなかったことです。このような自分流のライフスタイルを楽しめるのも現在の第三の職場があったればこそです。

幸い心身ともに健康で、まだまだ働く意欲があるので、体力の続く限り、会社の制度が許す限り、精神的充足が続く限り、生涯現役を貫きたいと考えています。

第九章　一生勉強一生青春

・名言

古今東西、人間は愚かなので、人生を歩む中で数々の失敗を繰り返してきました。一方で人間は賢明なので、先人たちが残した言葉を頼りに人生を歩んでいきます。そんな人間の歴史の中で、先人たちは自らの知見を活かして言葉を残してきました。それらを名言というのだと、私なりに解釈しています。

数々の名言の中でも自分にピッタリで、大切にしたい言葉を座右の銘といいます。

座右の銘の定義はさまざまでしょうが、「常に心に留め、生き方の参考や戒めとする言葉」と認識していてよいかと思います。

・相田みつを美術館

東京有楽町の東京国際フォーラムの一角に相田みつを美術館があります。「あります」という表現は厳密には間違いで、「ありました」が正解です。何でも東京国際フォーラムの長期大規模修繕工事のために、二〇二四年一月二十八日付で閉館となりました。美術館といっても絵画や彫刻作品が飾ってあるわけではありません。それもそのはず、相田みつをは書家なので毛筆による書があるばかり。相田みつをの人生観や人生訓、中には語りかけるような文章もあります。

二十年前くらいから何度か訪れていました。静かに作品に見入る来館客。年配者だけでなく修学旅行など若い来館者も目立ちます。彼の言葉の数々を、「その通りだ」と共感することが多いかと思います。

私は相田みつをが書いた「一生勉強一生青春」という作品に共感しました。その名言を自分の座右の銘としています。

大手予備校の某校舎のモットーにも活用されているようです。「一生勉強一生青春。夢見る限り人生は輝く」考案した講師が次のように説明しています。

「相田みつをとシューベルトの名言を足した言葉になります。自分の夢のために勉強する。そして、勉強することで人生をより豊かに充実したものにしてくれる。だから人生ですべてを差し置いて勉強できる受験生は、ものすごく人間的にも学力的にも成長することができるという意味です」と。

一応検索してみると「夢を見るから人生は輝く」と名言を残したのはシューベルトではなく、モーツァルトだったようです。

・一生勉強一生青春

私のプライベート名刺には、「一生勉強、一生青春（遊び心を大切に）」と記しました。僭越ながら相田みつを先生の名言をそのままではなく、自分なりに（遊び心を大切に）とオリジナルな表現にしました。

私は決して超一流の大学で学んだわけではありませんが、勉強することは好きです。小学校から高校までは文部科学省の定めるカテゴリーやカリキュラムに従って学んできましたが、大学ともなると、専門分野の学習や研究となってきます。私は商学部だったので、企業経営や金融経済が専門分野となります。しかしながら法律にも強くなりたいという欲求はありました。通常なら主に文系学部の場合、大学の四年間で学びを終え実社会に就職します。ですが就職してからもさまざまな勉強をしました。

・国家資格へのチャレンジ

「隣の芝生は青い」とは昔からよく言われていることですが、入社後に配属されたのは経理部や会計部でした。これは恐らく商学部出身であったり、日商簿記検定資格の二級を保有していたからではないかと想像します。特に希望を出した記憶がないので当たっているでしょう。

経理や会計の仕事の傍らで、法律にも一定レベルの知識を得たいと考えました。実社会に出て先ず学習したのは、宅地建物取引士でした。当時は宅地建物取引主任者でした。

いわゆる宅建です。東京会計部に配属された頃、不動産部から人事異動で移ってきた先輩女子社員に頼んで、不動産部の有資格者を紹介してもらい、学習教材や学習方法を教えてもらいました。専門学校の集中講座を受講したり、模擬試験も受けて、入社一年目の秋の本番試験にも一発合格しました。弾みがついて、入社二年目には行政書士試験にも合格しました。いずれも立派な国家資格でした。

・民間資格へのチャレンジ

その後も知識欲は旺盛で、数々の民間資格にもチャレンジしました。専門外の秘書検定二級、メンタルヘルスマネジメントⅡ種、食生活アドバイザー二級、魚食スペシャリスト、少し珍しいところでは第一回環境検定、漢字検定二級などです。映画検定四級取得は映画鑑賞数が年間二百本の頃だったかと思います。

・専門分野を極めたい

新卒入社後、定年まで勤務したのは損害保険会社だったので、金融分野のプロフェッショナルになりたいとの強い意欲が出始めてからは、金融関連の数多くの試験にチャレンジしました。

生命保険大学課程や証券外務員Ⅰ種などの最高峰の資格取得後には、金融分野の二つをターゲットにしました。ＦＰ（ファイナンシャルプランナー）とＤＣ（確定拠出年金）でした。いずれも二級は比較的たやすく合格できたのですが、最高峰の一級ともなると、その壁は高くなかなか破れなかったです。

専門分野を極めるためには、プロフェッショナルの領域に入るためにどうしても一級取得が必要だと考えていたので、あらゆる学習教材や学習を深めるためのセミナー受講など、考えられることは何でも採り入れました。特に一級ＤＣプランナーの合格の壁は高く、何度も辛酸を嘗《な》めました。当時一年に一度の一発勝負でした。午前に二時間半の基礎編を、午後からは二時間の応用編でした。とりわけ午後の応用編は難解な問題が多いうえに、二時間という短い試験時間でしたので、正確性と迅速性の両面が求められました。

・社外に先生を三人つくる

一級ＦＰ技能士も一級ＤＣプランナーも難関試験でした。資格取得目的だけではなく、実務の専門家の知見やノウハウなども習得したいと考え、セミナー講師と名刺交換して質問も積極的にしました。私の意識や考えや波長の合いそうな講師を勝手に先生と決めて親しくお付き合いさせていただきました。一人は公認会計士、二人目は年金数理人、三人目はＣＦＰでＤＣアドバイザーのプロＦＰでした。

私は第一の職場である損害保険会社で人事異動により数多くの職務に就きました。職種でいうと経理会計、一般営業（リテール）、株式運用、ファンドマネージャー、政策株式審査、企業営業（ホールセール）、地区総務、愛知万博（愛・地球博）出向、本社総務、不動産、企業型確定拠出年金制度の営業推進とバラエティーに富んでいます。一級ＦＰ技能士の隣接分野では最高峰のＣＦＰにも合格しました。一級ＤＣプランナーの隣接分野では最高峰のＤＣアドバイザーには、一級ＤＣプランナーの取得前に合格していました。二つの分野のそれぞれ最高資格四種目合格は簡単なものではありませんでした。相当の時間やコストもかかっています。

専門分野を極めたことでかなり自信を持って、最後の仕事となった企業型確定拠出年金の企業への導入提案営業推進も自信を持って取り組むことができました。千名規模の従業員が在籍する異業態の大企業二社への導入成果は、高く評価されました。

私が八十種類も資格を取得してきたことから、資格マニアと捉える人がいます。これには異論を唱えます。世の中の資格マニアとは、何でもかんでも資格を取りまくる人のことをいいます。私の場合、興味関心の幅を広げ、専門分野を見つけ、その分野は深く掘り下げてきたので、「ライセンスゲッター」や「ライセンスハンター」という表現が的確だと私は信じています。

振り返ると専門分野を深く掘り下げるために社外に三人の先生を追い求めたことが、私にとっては遠いようで近道だったかと思います。異業態やその道のプロフェッションを社外の師と仰ぎ、親交を深めながら常に刺激を求め、専門分野を深めていったことが、今となってはどれほど有益だったか。

社内のみの狭い世界に終始することなく、社外にも興味関心の幅を広げ、別次元でのパワーの源を育むことも大変有益だったと思います。

・第一線を退いてからの勉強

第二の職場で就業してから勉強したのは、主に語学でした。一番長く続いているのは韓国語です。これは全く予定の行動ではありませんでした。そのきっかけとなったのは、亡妻がテレビの韓流ドラマにハマったことでした。いつか驚かせてやろう。「参りました」と言わせてやろうという不純な動機からでした。妻が病に罹る前に、今度海外旅行に行くとしたらどの国へ行きたいか？ と尋ねました。ドロドロした韓流ドラマを観ていてはしょっちゅう涙を流していた妻だったので、当然韓国という答えが返ってくると、ある意味では期待していたのに、答えは意外にも台湾でした。

「えっ！ 今度は中国語なの⁉」と私は心の中で叫んでしまいました。

その出来事があってからは、ＮＨＫのラジオ講座テキストを片手に英語、韓国語、中国語、イタリア語、スペイン語を一年間学びました。大変有意義だったし、グローバル人材への夢もちらつきました。これら五つの外国語を一年間学んだことで気付いたことがいくつかありました。一つは英語はやはり学べば学ぶほど知識が深まる。二つ目は韓国語には漢字語もあり、語順も日本語と同じで初学者も取り組みやすい。イタリア語とスペイン語はとても似ていて、一緒に学習すると効率的である。そして中国語が最も難解であると私自身は分析しました。

しかし、ほどなくしてコロナ禍が始まりました。世界中の人々が初めて体験したことだったし、社会も組織も個人も混乱しました。先述した通りコロナ禍に突入しただけでも暗くて険しい環境だったのに、仕事面では第二の職場が入社して五年間の区切りが迫っていたことや、二人の息子たちが自立して結婚し新たな家庭を持つため巣立って行ったことなどが重なり、一度に学習意欲が失せてしまいました。悲しいことに私の語学学習は余儀なく中断されてしまいました。

・復活した学習意欲

政府の基本方針だった外出時のマスク着用義務が緩和され、コロナ患者数も激減。三年間という長い時間に皆が耐え抜いて世の中も徐々に明るさを取り戻した頃、運よく第三の職場に就くことができました。人間の心理というのは現金なもので、目前の暗闇から光が差してきた頃、元来の私の学習意欲にも再び火が点きました。

今では私の専門分野だった金融経済関連の報道番組もテレビ視聴するし、韓国語は初級と中上級向けラジオ講座を聴講することに加えて、韓国語ばかり流れているラジオ放送や、英語ばかり流れているラジオ放送も毎日聞いています。加えて漢字検定の上級レベルの勉強や、社会との関わりを持つために新聞投稿を積極的にしています。

年度が替わった四月からは中国語の学び直しも始めました。テレビの講座をしっかりノートも作成して勉強しています。

・学習することのメリット

学習するうえで、これまでにデメリットを感じたことはありません。逆にメリットは多数あります。学習するということは知識を広げ、深めることになるわけだから、知る喜びが大きいと思います。副次的に最も大きなことは自己肯定感が高揚することだと思います。自分に自信がつくと何をするにも前向きになれるし、何より自分自身楽しくなります。新たな分野を学ぶことで人間関係も深まるし、新たなコミュニティも生まれます。

別にノーベル賞をとるわけでも後世に名を残す目的でもないのであれば、興味関心があることが出てきたら、何でも学んでいけば良いと私は考えています。

・ムカデ学習論

ムカデは漢字で「百足」と書くように肢の数が多く、十五、三十、百七十対など種類によりさまざまなようです。ムカデは見た目のグロテスクさや咬まれた時の激しい痛みなどから人々に恐れられています。

私が喩《たと》えたいのは、数多くの肢を持つこと。即ち学びたいことが出てきたらドンドン学び、取り組んでいけばよいのです。客観的な評価を得たいなら資格やライセンスを取得すればよい。私はそれを実践したらいつの間にか資格やライセンスが八十種類にもなりました。ただし、これらは飾りだけの資格マニアではありません。資格やライセンスなんて独占業務に直結する資格以外は自分の努力の通過点でしかありません。

なお、別に資格やライセンス取得を目指さなくとも世の中に博覧強記な人は少なからずいます。書物をジャンル問わず貪《むさぼ》り読むことでも良いと思います。

・レオナルド・ダ・ヴィンチが憧れの人

万能の天才と称されるレオナルド・ダ・ヴィンチは、芸術家、画家でありながら科学、数学、幾何学、会計学、生理学、解剖学、天文学、気象学、地理学、物理学などありとあらゆる分野に顕著な業績と文献を残したことで有名な天才です。

私は天才でも秀才でもありませんが、知的好奇心は無限にあります。悲しいことに天才ではないので、レオナルド・ダ・ヴィンチにはなれません。しかしながら人間の知的好奇心は無限大です。少しの努力を積み重ねるだけでも、その道の専門家が説明することも理解できるようになります。個人的には専門の金融分野なら金融や経済の専門家の説明や解説にもついていけます。

株式や為替のマーケットや相場の状況を説明できる専門家はいますが、その中で相場を当て続けた人を、私は知りません。

皆、後付けで解説するのは上手です。なぜならその専門分野を学習し続けてきたからです。私たちアマチュアでも学習しさえすれば、専門家に勝てなくても負けないようにすることはできると思います。

・T《ティー》字型学習からπ《パイ》字型学習へ

先述した通り、私は勝手にムカデ学習を実践してきました。レオナルド・ダ・ヴィンチはムカデ学習の天才です。私は天才ではありませんが、ムカデ学習の努力家、というよりも努力者だと考えています。

それと類似の考え方があります。T字型よりもπ字の方が安定感があります。横棒の下に縦棒が二本、三本と増えていけばいくほど安定感が増します。縦棒が三十本ともなると、ムカデとなります。ムカデは百足。最強です。縦棒が増えれば増えるほど、レオナルド・ダ・ヴィンチに近付きます。私たちはレオナルド・ダ・ヴィンチになれなくとも、限りなく近付くことはできるはずです。

・一生青春

本章では「一生勉強」にかなり紙幅を費やしました。後半は「一生青春」について触れたいと思います。

人間ならずとも生きとし生ける者には必ず「老い」が訪れます。日本人の長寿は世界でもトップを争うことは誰でも知っています。最近までは人生八十年時代といわれてきました。生命保険の商品設計も寿命に応じて作られています。それが先述したようにリンダ・グラットンの「ライフ・シフト」によると人生百年時代に突入し、私たちの周囲でも百寿者を探すことはそれほど難しくなくなってきました。現在は人生百年時代を違和感なく皆が受け入れるようになってきました。

私たちの大先輩の時代は、年相応に生きなさい、年齢を考えなさい、年齢らしくしなさいなどと親や周囲、社会が教えてきました。

私は考えました。実年齢って成人したら何の意味があるのだろう？　人間の老いなんて人それぞれです。同じ八十歳でも寝たきりの人もいれば、溌溂として毎日をエンジョイしている人もいます。これは何を意味するのか？　中高年になって実年齢って何の意味があるのか？

未だに企業の定年制は六十歳が圧倒的多数です。再雇用制度を導入して六十五歳まで企業で働くことがほぼ常識化しています。アメリカの多くの企業では定年制がないといわれます。仮に今、日本の企業で定年制が全廃されたとしたら、どれだけの人たちが七十歳、八十歳まで働き続けるでしょうか？

私はある時、考えが思い浮かびました。実年齢なんて単なる背番号じゃないか。たとえ実年齢が七十歳に到達しても意識や行動は三十代、四十代と変わらない人もいる。私はそれを実践してアクティブ・シニアを目指しています。

・自分年齢三十八歳

大勢の人の前で自己紹介をすることがあります。その時の決めゼリフは「自分年齢三十八歳の」と名乗ることにしています。すると実年齢が六十八歳なので、必ず爆笑か失笑が起こり、場が和《なご》みます。落語の枕の役割を果たしてくれます。

大阪生まれで大阪育ちの私は、幼い頃から吉本新喜劇や松竹新喜劇を観て育ちました。大阪人特有の笑いのツボにも直結します。

自己紹介や新たに出会う人に挨拶する時には失礼のない限り、「自分年齢三十八歳です」とか、「三十八歳です。自分年齢ですが」と名乗るようにしています。もう十年以上言い続けていると本当に自分は三十八歳なのではないか？　と、ある種の錯覚に陥ることがあります。

それではどうして三十八歳なのか？　理由は二つあります。

一つは、憧れのプロ野球選手であった読売ジャイアンツの長嶋茂雄の引退年齢であったこと。私は大阪生まれの大阪育ちなのに小さい頃からジャイアンツ贔屓《びいき》でした。とりわけ王貞治選手よりも長嶋茂雄選手の大ファンでした。派手なパフォーマンスにも子どもながらに憧れを覚えました。長嶋茂雄の引退試合がテレビで中継されていた時、私は青年期でした。テレビに釘付けになり一緒に泣きました。多くのファンに惜しまれながらの引退でした。

もうあと一年や二年、選手生活を送れていたでしょう。しかしながら周囲からも余力を残しての引退を促されていたようです。

二つ目は、三十八歳は、私自身のサラリーマン生活も上昇気流に乗りかけていた頃でした。私生活では二人の子どもたちがまだ幼く、バリバリと働く気概に満ち溢れている頃でした。

この二つの理由で、役職や責任の重さとは別に三十八歳が、私の絶頂期であったと自分に言い聞かせています。

・単身赴任と自分年齢三十八歳

私は典型的な転勤族で、東京、大阪、名古屋のほか、徳島、金沢、仙台に勤務しました。徳島では初めてのマネジメント職で部下が一遍に十人となり、管理責任と営業課支社だったので数字の責任が付きまといました。二人の子どもが小学生や幼稚園児の時でした。三年後、今度は金沢で北陸三県を取り仕切る総務課長になりました。二人の子どもたちは中学生、小学生になっていました。

次の異動先は初めての経験で、国家プロジェクトである愛・地球博（愛知万博）協会への出向でした。中部業務部配属で名古屋だったのですが、資金証券部配属だったので東京霞が関の事務所で働きました。この仕事に就いてからは単身赴任の連続でした。

私は料理ができなかったので、朝、昼、夜ともにすべて外食でした。初めての単身赴任生活もそれなりに生活は充実していたと思います。休日には何かしら勉強していたし、ウォーキングにも汗を流していました。

愛・地球博の博覧会協会への出向は開業準備期間の後半でした。本番の博覧会が開催されるまでの約四年間、単身赴任生活は続きました。少なくとも月に一回の週末には家族の住む金沢に戻りました。貴重な経験をさせてもらった愛・地球博の博覧会協会の出向明けには西新宿にある本社の総務部への配属となりました。私生活は相変わらず東京だったので単身赴任生活は続きました。これまでと同様、月に一回ペースで金沢に戻りました。子どもたちの夏休みや冬休みに合わせて私も長期休暇を取得し、全国あちらこちらに家族旅行もしました。

二人の男の子たちは大阪や東京で生まれ育っているのに、小学校、中学校、高校生活を金沢で過ごしたこともあり、出身地は金沢だと異口同音に答えます。子どもたちにとっては父親が会社のどのような部署で働くかなど関係なく、学校生活をどこで過ごしたか？　が大きな問題となってきます。

金沢は北陸三県の最も中心地だし、教育にも熱心な都市だと思います。冬は若干厳しいものの四季がはっきりしていて、加賀百万石と呼ばれるように、歴史と文化のある街でもあります。

本社総務部に三年間在籍した後、次の赴任先は仙台となりました。私の第一の職場の終着駅のような仕事は、企業型確定拠出年金制度の企業への導入提案業務でした。企業年金の深い業務知識と、企業から企業に次々とフットワーク良く提案していく必要がありました。

これまで私が社内で学んできた経験がすべて結集した専門業務でした。最初こそ戸惑いましたが、そのうちにエンジンフル回転で動き回りました。東北六県、青森、秋田、山形、岩手、宮城、福島を、同僚を含め三人で担当しました。初年度は宮城と岩手を、二年目は宮城と青森を担当しました。出張の多い仕事でした。

・仙台での単身赴任が転機

企業型確定拠出年金制度の導入提案業務は、専門知識はもちろんですが、営業センス、社内調整能力などをフル稼働しなければ成果が得られないような業務だと自分なりに分析しました。公的年金の仕組みや社会制度などの周辺知識も問われました。いくら頭脳明晰でも新入社員など、若年社員には任せられない業務でもありました。また、業務知識だけでなく導入提案企業の担当者や上司、役員に至るまで提案を理解してもらい、導入を検討してもらえるような説得力や折衝力、交渉力も必要でした。また当社サイドでも関連部署との社内調整力も不可欠でした。

ある意味では、これらさえ上手にコーディネートできれば自由度のある業務でした。

単身赴任で出張の多い仕事なら、楽しまない手はないと考えました。この辺りからいい意味での遊び心に火が点きました。

かつて一国一城の主であったように部下を育てながらチーム一丸となって成果を出すというスタイルから、自分を基点として自己管理し、先述のようなトータルコーディネート力で、成果さえ出していけば決して後ろ指を指されない、私にとってはありがたい仕事でした。

相変わらず、自己の能力研鑽のために業務の周辺知識を幅広く、かつ専門知識も深めるために国家資格や民間資格にもチャレンジしていました。そのうえでフリータイムも充実させたい、趣味も広げたいと貪欲に行動することになるのです。

先ず隠れ家づくりから始めました。決して怪しい所ではありません。会員制のパブレストランへの入会から始めようと考えました。恐る恐る電話しながら体験的にお店を利用しました。仙台市内でも目立った高層ビルの最上階にそのお店はありました。窓越しには仙台市内の街並みや遠くには山や海側であろう景色も広がっていました。食事の単価は決して安くはないものの、和洋中のアラカルトやコース料理もありました。何より私を驚かせたのは、ウィスキーなどのお酒が期限なしにボトルキープできて、どこの姉妹店に行っても同じボトルが同じ残量でキープされていることでした。いわゆる、オンラインボトルシステムです。早速、店長に感想を述べ入会を前向き検討することを伝えると、確か一カ月か三カ月有効な仮会員カードを発行してくれ、何回か利用しました。食事やお酒を席までサーブしてくれる女性スタッフは皆バニーガール姿でした。

ここまで書き進めれば、知る人ぞ知るメンバー制のクラブであることが分かるでしょう。確か入会金が五万円で一定の年収水準がなければ入会できなかったと記憶しています。

時を置かず入会しました。入会すると同時に、元来コンプリート癖のある私は全国に広がる店舗網を早期に全店制覇しようと目標を定めました。目標や目的が定まるとひたすら突っ走る性格らしく頑張って全店制覇しました。確か入会当時には全国に十八店舗あったように記憶しています。三大都市には複数店あり、東京や大阪にある店舗から一店一店足を運びました。当然のことながら同じクラブでも、新宿、赤坂、銀座、六本木などお店の環境も違えば、サーブするスタッフたちも違ってきます。各店長やスタッフたちと何気ない会話をすることも訪ね歩く楽しみとなりました。

その店は三大都市圏以外には仙台、福岡、新潟に点在していました。恐らく新潟がラストまで残ると予想していたら、その通りになりました。仙台店は入会した店舗だから毎週のように通いました。時にはお酒を飲まずトマトジュースだけ頼んだこともありました。

各店舗に足を運んでいると、顔馴染みの店長やホールスタッフたちとも何気ない会話が繰り返されます。長い営業経験も、このようなプライベートな世界で役立つとは思いもしませんでした。

福岡店と新潟店に足を運んだことがなかった時には、既に取得していたFP資格の更新のためのセミナーにかこつけて、日中はセミナーに参加し、夜は福岡店や新潟店に行くことを楽しみにしていました。

さて、次の隠れ家は少々アクティブです。社会人になって最初の年にアメリカンポップス生バンドが演奏するライブハウスに行ったことがあります。先輩に連れて行ってもらった記憶があります。仙台に単身赴任していた頃は入社して二十年以上経過していたので一人でライブハウスに行くのはかなり勇気が必要でした。いわゆる、50・60（フィフティ・シックスティ）というジャンルのアメリカンポップスを、連日五〜六回ステージもレギュラーバンドたちがライブ演奏してくれます。エルヴィス・プレスリーの時代のアメリカンポップスが流れると昔懐かしく、体もスイングするようになります。演奏中、生バンドと客席の間にあるスペースは、踊りたい人のダンススペースとなります。男性ボーカリストと女性ボーカリストは、歌を歌いながらダンスのステップを踏みます。何度か通っているうちに自分もダンスをしてみたいという欲求が湧いてきます。最初の段階では恐る恐る恥ずかしがりながら、ボーカリストたちの見様見真似《みようみまね》で踊っていました。

一年、二年と通い詰めるとダンスナンバーには、それぞれダンスのスタイルやステップがあることが分かってきます。ボーカリストたちのダンスの振りをコピーするように私にもダンスらしいダンスが身に付いてきます。特にツイストが大好きで、ツイストが踊れる曲では積極的にダンスします。そのうち、見知らぬ客たちが私の周囲に集まるようになってきます。いわゆる、ダンス仲間もできました。そのお店に通い、ダンスを踊っている時間と空間を共有しているだけで、ある種の友情も芽生えてきます。

このように仙台での単身赴任生活で、これまでに経験したことがない新しい世界に二つ踏み出すことができたわけです。

・地方紙と新聞投稿

私は、元来、読書好きではないものの、文章を書くことに抵抗がありません。文通相手もたくさんいました。当時は携帯メールやラインなどの通信手段が当然のごとくありませんでした。相手との通信手段は電話か手紙でした。文章を書くことが好きだったこともあり、新聞の読者のページの投稿欄に掲載してもらいたいという欲求も生まれました。

金沢では北國新聞と北陸中日新聞の常連に、仙台では河北新報の常連になりました。そして現在住んでいる川崎市では、神奈川新聞にも度々掲載してもらっています。

少しオーバーかもしれませんが、新聞投稿、掲載されるためには、文章力というよりも独創性やオリジナリティに加えて、鋭い観察眼や人生哲学なども要求されることがあります。また、掲載されるかどうかのボーダーラインなども感じることがあります。社会を斬る眼やヒューマンウォッチング力も養えます。そして、ペンを執ることで自分の人生の振り返りや俯瞰もできます。ただ独りよがりは敬遠されがちです。オリジナリティの中にも多くの読者の参考になるような普遍性も問われます。自分の書いた文章が投稿欄に活字で掲載されると、自分が評価されているようなポジティブな思いが芽生えます。会社内で評価されるのとは別に、社外とのつながりを意識するようになります。

会社内の仕事ばかりでなく、全国オンラインボトル制のパブレストランやバンドの演奏でダンスに興じたり、地方新聞への投稿記事掲載など会社外にも自分の軸が太くなってくると、社内の仕事にも好影響があるようです。

以上のように本章では「一生勉強、一生青春（遊び心を大切に）」の生活ポリシーの背景や経緯、具体例に多くの紙幅を割きました。

サラリーマンが会社内で活躍したり、昇進昇格を目指したり気にするのは、多少なりとも誰もが経験することです。だからといって、社内の仕事や上司や社内人脈ばかりに気を取られていては、いつか自分らしさを見失ってしまうかもしれません。少しばかりはみ出しサラリーマンの方が、肩の力が抜けて、より自分を発揮できるのではないでしょうか。

番外章　妻への感謝

・妻との別離

妻が亡くなったのは二〇一四年十一月でしたから、早いものでもう十年目を迎えました。入通院を繰り返し一年半の闘病生活の末、五十七歳の若さで亡くなりました。俳優の高倉健さんも同じ病で亡くなっています。医学の日進月歩でもなかなか完治しにくい病とされています。

当時、私は第一の職場で東京の本社と北陸三県を行き来していました。長男は東京の大学院を卒業してそのまま東京で就職していました。次男は故郷ともいえる金沢で大学院生でした。

妻の病が発覚し、初期の段階では化学療法がプログラム化されていました。私はセカンドオピニオンを受けるために、その道の権威の医師二人を探し当て、最初は妻、長男と三人で東京の病院に行きました。放射線治療のヒントを得て、早速試してもらいました。一定の成果が得られたものの、なかなか相手が手強く快方に向かいません。二度目のセカンドオピニオンも東京の医師でしたが、妻はもう東京に向かう気力もなく、私と長男でアドバイスを得るため病院に向かいました。

しばらくして主治医から覚悟してくださいと患者の夫である私だけに話がありました。患者本人がどれだけ覚悟したかは遺書や日記や手紙もなく知る由もありませんが、終末医療は完全個室となりました。私の仕事は相変わらず出張も多く、東京と妻が入院している金沢との往復を繰り返していました。妻から夜一人で寝るのが怖い、ということで、私は考えさせられました。何とか個室で傍にいてあげたい。しかしながらずっと金沢にもいられない。そこで長男と妻の一番上の姉に相談しました。次男はまだ学業があったので、東京で働いている長男と、金沢に比較的近い大阪枚方に住む姉と私の三人が、交替して個室にエキストラベッドを入れて傍で寝ることにしたのです。確か二泊か三泊して交替するというローテーションにしました。長男も東京で忙しく働いているし、姉も大阪で働いていましたから、この三人のリレーがなかったら皆疲れ切っていたことでしょう。

妻の検査通知は一向に快方に向かわず、敵と戦う白血球数の数値が驚異的でした。医師チームは痛みを和らげるためにかなりきつい薬を投与していました。

ある夜、私が当番の夜に妻が訴えました。

「お父さん、探検がしたい。タンケン、タンケン」と。

妻は私のことを実の父親と錯覚していたのかどうかは分かりません。しかしながら私も呼応したように、

「そうやね。探検に行こう」

妻を車イスに乗せ、夜の病院の廊下をゆっくり探検したのでした。

付き添いの三人のローテーションが三回くらい続いた頃、東京にいた私の携帯電話に一本の電話が入りました。長男からでした。その日の当番は姉でした。恐らく主治医から家族、身内を呼ぶようにとの指示だったかと思います。金沢にいた長男、次男がすぐに駆け付けました。電話の向こうの長男が珍しく涙声で「父さん、母さんに話しかけてあげて」。

私はただ妻の名前を呼んだだけだったか、あまり覚えていません。頭の中は真っ白でした。するとその電話に安心したのかどうか……長男が「母さんが亡くなった」と。

東京にいた私は身支度を整え、すぐに金沢の病院に駆け付けたことは言うまでもありません。

・二人の子どもを産み育ててくれたことに感謝

私の少年期は日本が高度経済成長期でしたから、父を含め大人たちはよく働きました。

子ども心にそんなに働いてばかりで何が楽しいのか？　と疑問に思いました。だが、イザ自分も社会に出ると、最後の昭和モデルのような意識と行動になっていたのかもしれません。

結婚当初は大阪の住吉支社配属で一般営業（リテール営業）でした。妻も結婚当初は大阪本町にある旅行会社で働いていました。私の給与だけで十分生活はできていましたので、私は心の底では妻が働くことをよく思っていなかったのです。ある夜、私が帰宅した時に妻が食卓のテーブルで会社から持ち帰った書類などを広げ、夕食を用意していなかったことに腹を立て妻を叱りました。令和の現在ではとても考えられないことをしてしまったのです。

確か長男を出産する前後に、妻は旅行会社を退職したと思います。当時の社会の風潮は、マンガ『サザエさん』一家のような昭和モデルだったのです。私は子どもが生まれると俄然仕事に打ち込むようになりました。近畿本部長賞をいただいたりして五年半の末、希望通り私は本社の株式運用部門でファンドマネージャーの職に就いたのでした。

東京本社に赴任した時には、府中の庭付きの家族寮に住みました。八家族が並ぶメゾネットタイプで三十年前でも億ションのような豪華な社宅でした。

やがて次男が生まれ、ますます仕事に精を出したと思います。この八家族のうち、三家族の主人たちは管理職でしたが、五家族は似たような年代でしたので家族ぐるみでサッカー観戦やキャンプなどに一緒に行きました。楽しい思い出の一コマです。

昭和モデルの典型でしたので、どこの家族も夫は会社で働き、妻は子どもを育て家庭を守るというスタイルでした。まさに現在でいうワンオペの時代でした。

サラリーマンに転勤や人事異動に伴う配置転換は付き物です。私もご多分に漏れず異動しました。次の赴任先は名古屋で、その次は初の地方都市で徳島でした。私はここで初の多くの部下を持つ管理職支社長となります。

相変わらず仕事と自己啓発の勉強に明け暮れていた頃、いつものように図書館に行くか、セミナーか講演会に出掛けることを妻に告げると「事件」が起こりました。妻からの初めてといってもいいほどの反撃でした。

「あなたはいいわよ。自分を高められて。でも小さなこの子たちと、今、触れ合わないでいつ触れ合うのよ」

ハチの一刺し、青天の霹靂《へきれき》でした。私は完全に打ちのめされてしまった。完敗です。

心を入れ替え、土日や夏休み、冬休みなどには、子どもたちを喜ばせてあげられるような、公園やミュージアムや旅行によく行きました。

妻は献身的で、かつ良き母親でした。二人の子どもたちの小中高校生の少年期、青年期には、私は単身赴任生活がほとんどだったので、まさに妻が子どもたちを養育してくれたのも同然です。恐らく時に厳しく、そして基本的には優しい母親だったのではないかと思います。妻の目線は、常に二人の目線と同じ位置にあったと思います。

子どもたちはグレることもなくスクスクと成長し、頼もしい青年へと成長して行きました。勉強ばかりでなく、中学や高校では二人とも卓球部や弓道部で汗を流していたようです。

私は二人の子どもたちに「勉強しなさい」と言ったことは一切ありませんでした。妻は恐らく二人の子どもたちの性格なども踏まえて、上手に学習塾にも通わせていたのでしょう。二人とも現役で国立大学に入学しました。私は典型的な文系でしたが、なぜか彼らは理系に進みました。二人とも大学院を卒業しましたから、学歴では父親を超えました。

その子どもたちも、今ではそれぞれ相応しい伴侶と一緒になり家庭を築き、それぞれ男の子にも恵まれました。残念なことがあるとすれば、早逝した妻は二人の息子たちの奥さんも知らなければ、孫たちにも会えていません。今頃、天国で妻が、「お父さん、一人だけズルい」と微笑んでいるかと想像しています。

・いつも家庭を明るくしてくれたことに感謝

妻は良き妻であり、良き母親でした。いわゆる、良妻賢母というタイプではありませんでしたが、いつも朗らかで明るかったように思います。子どもたちが青年期になってからは、年の離れたお姉さんのような存在だったように思います。

東京ディズニーランドやディズニーシーなどに、家族で行くと、妻はウキウキとして子どもたちと一緒になってアトラクションではしゃいでいました。途中で疲れた私だけベンチで休憩していてもお構いなし。まるで三人の子どもたちを連れて一人ベンチに腰掛けて待っている父親のようでした。

妻は家の中では穏やかで、ほとんど腹を立てたりすることはありませんでした。何より子どもたちの成長を一番大事にしていました。そうかといって、子どもたちをわがままいっぱいに放置するようなことはなく、良いことは良いし、悪いことは悪いと物事の善し悪しは教えていたと思います。遊ぶ時には子どもたちと一緒になって遊んでいました。

家族旅行に行って夜になるとよくトランプやウノなどのゲームをするのですが、私が一抜《いちぬ》けしても妻は最後まで子どもたちと楽しそうに遊んでいました。

こんなことがありました。金沢には数多くの用水が流れています。せせらぎ通りという鞍月《くらつき》用水沿いの通りで、「せせらぎ祭り」の催しで大勢の客の中で進行している司会者が妻を指名して何かポーズをとらせたりします。子どもたちは中学生と小学生でした。妻は見知らぬ大勢の見物客の前にも拘らず、ポーズをとっておどけて見せました。家族の私たちが何となく恥ずかしくなったほどです。妻のひょうきんな一面を垣間見ました。

・私のドン底を支えてくれたことに感謝

私は大学を卒業して希望の職種の大手損害保険会社に入社しました。同期は超一流、一流大学卒ばかりでした。こんな中で競争し鎬《しのぎ》を削っていくのかと途方に暮れました。

有名な人気企業には優秀な学生たちが集まってきます。企業側からしてみれば「替わり」は他にいくらでもいます。一旦入社したなら同期との熾烈な競争が始まります。信長や秀吉、家康の時代でなくとも組織に所属すれば競争が否が応でも待ち受けています。

しかしながら、私はどうしても上司の評価ばかり気にすることはできなかったのです。

しかもポリシーのない上司になると、昨日まで言っていたことが今日になると変わってしまうような人も多くいました。矛盾を感じた私は果たしてこのままでいいのか？　と自問自答するようになりました。

また、企業という生きものは限りなく発展、成長を目指そうとします。そして企業業績を向上させようとします。メーカーなどもそうでしょうが、金融機関も然り、金融機関の一翼を担う損害保険会社もご多分に漏れません。私の入社した損害保険会社はガリバーのような首位の会社を猛烈な勢いで追いかける、まるで野武士のような会社でした。

社長や経営陣が替わると、中期経営計画なる経営方針を打ち出します。企業体であればどの企業でも似たようなことをするでしょう。けれど、時に業界内他社との競争ばかり意識して、顧客がないがしろにされることがあります。

私も企業人。企業の業績向上に貢献したい気持ちはあります。だがしかし、前年度方針に手の平返しのような方針や指示が差し出されると、時折矛盾を感じることがありました。果たしてこのまま、会社の方針のままに自分の身を委ねていて良いのだろうか？　あれこれと自分で思いを巡らせるのですが、埒《らち》が明きません。たかが自分が生きてきたこれまでの道程だけで、多様な考え方が判断できるのだろうか？　答えは否でした。

私は考えました。

——そうだ、社外には多種多様な人たちがいる。これまでもさまざまな講演会やセミナーに参加したことがあった。もっと数多くの人たちの話を聞いてみよう——

目標ができると、ひたすら突っ走って行くのが私の癖です。これまでの学問の知識を得ること以外に、著名な人たちの人生や人生観を聴きまくるようになります。例えば歌手でタレントのアグネス・チャンさん、プロスキーヤーで登山家の三浦雄一郎さん、作詞家の阿木燿子さん、ジャーナリストの池上彰さん、教育学者の齋藤孝さんなど多方面で活躍する第一線の著名人の話や考え方、言葉が時に私の胸を打ち、感涙を招きました。

営業の最前線にいましたから、営業成績が常に付きまといます。フォローの風が吹いている時は、行け行けドンドンでよいのですが、何かトラブルが起こったり、問題が発生すると管理職は全部自分の身に降りかかってきます。私は一国一城を預かる支社長でした。初めての管理職にしては、徳島の支社と鳴門の営業所の総責任者はとても荷が大きかった。私の上には支店長が控えるのみです。ヘルプを求めても、頑張れの一言だけで頼りにすることはできません。

良くないことが起こると、それに連動するようにあちらこちらでトラブルや問題が発生します。私にもっと経験や知恵があったなら、対処の手段を講じていたでしょう。

しかし、現状維持や何の方策も取らないでいると、ドンドン自分の身に悪いことが押し寄せてきます。一人の人間の対応力なんてたかが知れています。今思えば、もっと部下たちを信頼し協力を求め、一体になって取り組めば何とかなったかもしれません。

私は会社の人事異動を恨みました。いきなりこのような大きな支社を任せるのではなく小さな支社を経験させてもらってからにして欲しかった。

しかし会社の人事は非情です。「難しい支社を立て直すために、あなたを指名したのだから何とか対処しなければならないだろう。替えはいくらでもいる」という声が、私の両耳に聞こえてくるようでした。私は辛い気持ちやしんどい気持ちを、空回りする前にも、後ろにも歩めずただただ呆然とするばかりでした。当然のことながら部下からすると、支社長に期待を寄せていたのにそれが叶わず、人心は離れていくばかりでした。私にとっては営業部門に配属された中で最悪のケースでした。

このような状態になると心や身のこなし、態度などに顕著に現れてきます。当然のごとく妻に察知されました。

「お父さん、あなた、最近元気がないけど、どうかしたの？　病院に行って診てもらったら？」

と指摘、提案されても私はただ生返事をするのがやっと。

そんなことがずっと続きました。妻はただ弱ってきた私の傍にいて、ひたすら日常生活で献身的なサポートを続けて支えてくれるのでした。会社で起こったことは妻ではなく、私自身が何とかして解決しなければなりません。当然のことです。

おおむね赴任期間は三年前後です。最初の二年間は営業成績も良好だったのですが、三年目を迎える頃から良くない兆しがあったかもしれません。今から振り返ると一年目、二年目の好調な時に、最悪の事態が生じても耐えられるように、新規開拓や環境整備を部下と協力してやっておくべきでした。

ともすると人間は、順風の時にはその心地好さに酔いしれ、遊んでしまうか何もしないことが多いかもしれません。私はもっと危機意識を持ち、起こり得る、予期せぬ悪い状態を想起して対処すべきでした。その意味ではあまり優秀な支社長ではありませんでした。

そうこうしている間に、次の人事異動時期になりました。私は失意のうちに辞令を受け取りました。久しぶりの内勤でした。北陸三県を統括する総務課長となり、金沢の社宅に家族を徳島から呼び寄せることになります。金沢への家族帯同赴任生活は私たち家族の中核的な生活基盤となりました。長男が中学生、次男は小学三年生になったところでした。

会社生活環境も変わり、営業現場から離れたことも手伝ってか、私の心身の衰弱も徐々に良好になってきました。

徳島での終盤の辛かった時期に、妻は、終始献身的に私の精神的支えとなり家庭生活も平穏に営まれるようにサポートしてくれたことに心から感謝したいと思います。

・私に「時間」というギフトを贈ってくれたことに感謝

本章の冒頭で述べた通り、妻が病で亡くなったのは二〇一四年の十一月でした。約十年経過した現在の心境は「孤独だけれど淋しくない」の一言に尽きます。なぜか?

それは二人の子どもたちが大人になり自立し、それぞれ相応しい伴侶に恵まれ、加えてそれぞれに第一子の男の子たちが誕生し成長過程にあること。私は解き放たれた渡り鳥のように毎日自由気ままに、二十四時間すべてが自分のために過ごせています。ひとりで淋しいか? と言うと、それがそうでもないのです。私にはやるべきこと、したいことが次から次に舞い込んできます。

最近の出来事。私の行き付けのカフェ近くに小料理屋さんがあります。そのお店のママさんは料理がとても上手で美味しい。私は金曜日以外の平日の夜には学生寮の食堂で忙しく働いているので、当然のごとく行けません。加えてほぼ毎日が休肝日。従って夜のその店の雰囲気を知りません。料理上手のママさんは地域の独身族のお腹を満たすためにランチ営業もしてくれています。魚料理、肉料理、小鉢に味噌汁と和食メニューも豊富です。私はこのお店を見つけて以来かなり通っていますが、ランチには昼飲みする常連客に加えて、私のように純粋にランチ目当てに来る人がいます。

カウンター五席があっという間に満席になることもあれば、営業開始直後に客は私一人ということもあります。そんな時は、ママさんと私の人生よもやま話になることがあります。

ママさんが切り出します。奥さんを亡くして五年になる中高年男が夕方に一人で来て、酒を飲んではママさんの手料理を食べるのだそうです。そのお客さん曰く、夕飯時になると近所の家々から料理をしている音や匂いが漂って来ると、亡くなった奥さんを思い出し、淋しさが込み上げて来る。あまりに淋しいのでこのお店に立ち寄るのだと。私はこの話を聞いて、思わず、「演歌の世界ですね、でも夫婦の深い愛情を感じます」と感想を呟きました。

私といえば、負け惜しみでもなく、孤独だけれど淋しくない、というのが本音です。第一の職場、第二の職場を卒業して、現在は第三の職場にいます。前二者はフルタイム勤務。第三の職場はパートタイムです。そして、若い頃から趣味も幅広く「余暇」というよりも文字通り自由時間です。

予期せず妻を失った私が考えたこと、それは、悲しみ憂えることではなく、妻がもっと生きたかったであろう時間を生き、悔いなく、かつ楽しく充実した人生を全うすることだと信じています。

「お父さん、あなたに私の生きたかった人生の時間をあげる。だから、あなたは私の人生の時間もプラスして、充実した意義ある人生を全うして下さい」

妻が私に、微笑みながら言ってくれているように思います。

妻は悔いなく生きた、というよりも最後の最後まで医療の技術と自分、そして私たち家族を信じて一生懸命に生きました。五十七歳という短い生涯だったけれど、私に二人の子どもたちを託し、愛情いっぱいに生きたのです。

私は妻が贈ってくれた「時間」というギフトを無駄にせず、妻の生きたかった人生を充実させ全うする必要があります。なので、私の毎日は、生き生きとした生命力に満ち満ちたものにしなければならないのです。

目指すはシニア界の大谷

投稿者を訪ねて

手渡された名刺には「一生勉強　一生青春」と記されていた。「年に一つでも、新しいことを見つけて始めるようにしています」と、中村憲二さん(68)＝川崎市中原区＝は言う。長年勤めた業界を退いた後、1年のブランクを経て、全く新しい仕事に挑戦。私生活でも、趣味に忙しい日々を送っている。（直山　歩）

語学や資格試験の勉強、ドラム演奏、ウオーキングに縄跳び、そして新聞への投稿。中村さんの自由時間は、勉強や趣味の予定でぎっしり埋まっている。「目指すは、シニア界の大谷翔平選手。彼は二刀流だけれど、私は“多刀流”で活躍したいと思って」

65歳まで、金融畑一筋だった。大手保険会社で定年の60歳まで働いたのち、独立系資産運用会社で5年間勤務。その後も働き続けたいと思ったが、再就職でつまずいた。

金融業界の仕事を探しても、年齢的に応募できる求人が見つからない。「活躍できる場所はないのか」。

川崎市中原区・調理補助職　中村　憲二さん(68)

既に妻は病気で旅立ち、2人の息子も独立していた。気力を失い、もんもんと家の中で過ごして、一日を終える。そんな日々が1年ほど続いた。

ある日、テレビを見て思ったことを、何げなく本紙に投稿してみた。コロナ禍の、マスク着用に関する意見だった。すると、短文で掲載。「久しぶりに社会と関われた」という実感が湧いてきた。2022年秋のことだった。

ほどなくして、自宅の郵便受けに「調理補助職募集」のチラシが入っているのを見つけた。近くの大学の学生寮だった。自然が好きなこともあって「若い人と接する仕事をしてみたい」と、新天地に飛び込む気持ちになった。再び人生が動き出した。

調理補助アルバイトは週4回、夕方から。それまでの時間をフル活用して、朝から趣味や街歩きにも精を出すようになった。

交友関係が、ぐんと広がった。六本木のライブハウスでダンス仲間をつくったり、飲食店に通ってママさんと話し込んだり。バイト先の若い同僚たちとカラオケに行ったこともある。1人暮らしだが、寂しさとは無縁だ。孫の成長も元気の源になっている。

「大事なのは、話の引き出しやポケットを、たくさん持つこと。話題の幅が広がるし、人生が豊かになるし、何より、自分が楽しいじゃないですか」。遊び心を大切に、楽しく生きる。そんな暮らしを続けていきたいと、中村さんは思っている。

歩数や食事内容など、日常の記録は細かくメモ。最近はドラム演奏に挑戦している

テレビで放映される星占いのラッキーカラーに合わせてその日の帽子を選ぶのが、中村さん流。取材日はピンク色だった＝川崎市中原区

神奈川新聞（2024年４月12日）掲載、著者インタビュー記事。
（同社提供、複製禁止）

第二部　サラリーマン生活を30倍楽しもう

・はじめに

第一部はどちらかといえば、時系列的に、私のサラリーマン生活を軸に、サラリーマンとは何か？　サラリーマン生活とは何か？　を体験記的に書き進めてきました。

途中、社会保障制度や人生百年時代における3ステージモデルからマルチステージモデルへの転換など、やや硬めの部分もあり、読みづらかったかもしれません。ひとりの「はみだしサラリーマン」の生活が垣間見えたでしょうか？

私は外見的にはどこにでもいる普通のサラリーマンと映っているかもしれません。しかしながら内面的にはサラリーマンらしからぬサラリーマンでしたので、定年後、新天地でも羽ばたけたし、コロナ禍で躓《つまず》いても社会とのつながりを幸運なことに掴むことができました。自ら振り返ってみると典型的なサラリーマン生活のみに終始していたら、オーバーですが、今のような黄金の・・・日々は送れていなかったかもしれません。

意図するかしないかは別にして、サラリーマン生活に他者との競争、社内での出世競争は付き物です。多くの場合、肩書や給与、待遇などともリンクしており厄介な代物です。ほとんどのサラリーマンは多かれ少なかれ、この波に呑まれながら生きていくことになります。

「自分は、別に、偉くならなくてもいい。競争することは耐えられない」そのように考える新卒学生も多いでしょう。ですが、ずっと低い給与待遇のままでいいと考える人は、ほとんどいないのではないでしょうか。

家庭を持ち一家を支える大黒柱なら、なおのことでしょう。ほとんどの会社で給与待遇は何らかの競争抜きには上昇しません。大抵の会社では目標管理制度を導入しているでしょう。目標管理シートなるものに、向こう一年間や半年間の自己目標を年度当初に設定させられ、上半期末や年度末にその達成度が評価されます。他社との競争を嫌う人も自分の設定した自己目標を達成させたいという意欲はあると考えられます。なぜならその自己目標達成度によって、給与待遇も決まるからです。

資本主義社会における企業は、社業発展や企業成長をビジョンに掲げます。企業としても自社の成長を目指すなら、一人ひとりの社員に頑張って働いてもらうというロジックは当然のことなので、自分との競争や闘いも含めてサラリーマンは競争からは逃れられないのです。その結果、自分との闘いや他者との競争のみ意識して行動することに全力投球するという結論に達します。しかしながら、自動車にしてもアクセルとブレーキがあります。ましてや、自動車の運転にはハンドルの遊びも必要です。

そして更にいえば、自分との闘いや他者との競争を強く意識して行動したとしても、必ずしも自分が思い描いている理想像に到達するとは限りません。なぜならそこには人間が介在するからです。多くの場合、直属の上司がその評価を行います。公平な人事評価制度といっても評価するのは人です。一〇〇%公平で適正な評価が実施されたとしても、あくまでも人を評価するのは人なので、ある意味では誤差が生じます。

昔からテレビドラマや映画で数多く描かれているのは、自分の立身出世のために直属の上司に媚びへつらうサラリーマンの姿です。とりわけ他者との出世競争に勝とうとするために、必要以上に上司にべったりとくっつき、ゴマをすり、おべっかを使う。私はテレビドラマや映画で描かれるサラリーマンの姿にどうしても共感できなかった。耐え切れない気持ちが増幅しました。

ちょっと前置きが長くなりました。要するにサラリーマンは資本家ではなく給与生活者なのです。サラリーマン生活も有限です。他者との競争や立身出世ばかりに固執して過ごすのは実にもったいない話です。どうせならサラリーマン生活をフルに楽しみたいもの。

第二部では僭越ながらサラリーマン生活を30倍楽しむために、私が試行錯誤し、実践してきたことを振り返ってみます。

出世競争の真っただ中にいる人も、そろそろ出世競争にも区切りが来る人にも、定年間近の人にも、そして新しくサラリーマン生活を歩み出した人にも、何か今後のサラリーマン生活を楽しく送るための考えるヒントになればと思います。

第二部では、どの章からでも、どのパートからでも拾い読みしてください。

第一章　ブレないスタンスを貫こう

◎まずは私のサラリーマン生活を振り返って

私の第一の職場は大手損害保険会社でした。入社以来さまざまな職種を経験しました。経理会計、地方総務、主に経理、リテール営業、株式運用、企業営業を経て多くの部下を持つ地方のリテール営業、地区総務、愛・地球博出向、本社総務、本社不動産、地区業務で企業型確定拠出年金制度の企業提案など、外勤半分、内勤半分という感じです。

当然ながら、全国組織の大きな会社でしたので、社長も替われば経営方針も変わります。ましてや地方で営業現場にいれば営業本部長の交代でガラっと営業方針が変わったりします。通常、営業本部長は二年間の在任期間中に成果を発揮しようとします。私の経験からすると前本部長のスタイルが一変するような営業方針を打ち出そうとします。

営業部署なら営業成績を追うのは当然のことですが、損害保険会社だったので、さまざまな保険種目があります。大抵、本社方針によって、積立保険や年金などの長期の種目なのか、自動車保険や火災保険などの一年間を保険期間とする短期の種目なのか、重点取組種目拡大が目標に揚げられます。先述したように営業本部長は基本的に二年間の在任期間中に営業成果を上げようとします。大げさにいえば、営業本部長が代わる度、四年ないし五年間在籍する営業課支社長や一般社員は、コロコロと変わる営業目標に振り回されることになります。

私もご多分に漏れず一般社員だった頃には、示された営業種目を追うことになるわけですが、何も考えずに右往左往していたわけではありません。大上段に構えれば、最終消費者であるお客さんのためになっているか、利益になっているかを考えつつ、ほかに優先することは何か？　などと照らし合わせながら、営業活動をしようとしていました。また、損害保険営業に保険代理店制度は欠かせないものなので、代理店育成も重要視していました。

私は営業店での営業活動を大きく三カ所で行いました。一般社員だった大阪住吉支社、在任期間の最後にスタッフ管理職に昇格した名古屋の企業営業、初めてたくさんの部下を持ち、一国一城の主となった徳島支社、その三カ所です。振り返ると自分の中では二勝一敗でした。

◎全戦全勝でなくても良い

自分のサラリーマン生活をいくつかに区切って勝敗をつけるのは、何とも不謹慎かもしれません。しかしながら、誰しも自分の歩んできた人生を振り返ってみて、「あの時は上手くいった、充実していた」、その逆に「あの時は最悪だった、思い出したくもない」ということがあろうかと思います。シンプルに振り返って○か×を付けると、私の場合、○が二つで×が一つでした。

私の初めての営業現場は、生まれ故郷の大阪の営業店勤務でした。生まれ育った地は、大阪市内の北部を流れる淀川の近く。配属されたのは住吉支社で、有名な住吉大社が近くにありました。生まれ故郷は、大阪市内の北部でしたので、南部に位置する住吉は同じ市内でも未知のエリアです。しかしながら、同じ大阪市内であることに変わりありません。住んでいる人たちはどこか馴れ馴れしく、面白おかしいことが好きな大阪人が多いわけです。人懐っこい大阪人の多い初めての営業配属。これは当時よく行われていた、いわゆる「ふるさと人事」でした。生まれ育った土地で頑張って欲しいという会社の温情人事だったと思います。

人事異動で住吉支社に配属されたのは、入社六年目でしたから、まだ何者でもありませんでした。初めての営業経験でしたので、右も左も分からず、最初はオロオロするばかり。当時の損害保険会社の営業スタイルは通称「代理店さん」と呼ばれる保険代理店にいかに稼いでもらうか、つまり営業成績に直結する損害保険商品を獲得してもらうかに尽きます。そのために、複雑な保険申込書や契約者からの変更手続きに関わる事務手続きをサポートするのが大きな役割でした。保険会社の監督官庁である大蔵省（現・財務省）からすると、保険代理店指導です。

生まれ育った大阪ではあったものの、入社五年目までの仕事は経理や会計に関するものでしたので、損害保険会社の社員でありながら全くと言って良いほど保険商品の商品知識はなく、それでいて代理店を指導するという立場にありました。毎日のように保険代理店からは問い合わせの電話や相談が舞い込みました。先輩社員に教わりながら、一つひとつ問題解決するしかありませんでした。

最初の営業現場となった住吉支社での在任期間は五年半。直属の上司である支社長は歴代三人で次々と替わっていきます。部下である私のような一般社員の在任期間は三～四年間でしたので、五年半は大変長く感じられました。

先述したように、営業現場には営業予算という目標がありました。当然ながら物価上昇率が反映されたり、昨年実績よりも一割アップされるなど、かなり努力をしなくては達成できないように営業予算は設定されています。逆にいえば、高い目標である営業予算を達成するとその営業店に所属していた社員は高い人事評価を得て、人事異動にも反映されます。こんな営業の実態は損害保険会社ばかりでなく、会社組織体などの業界でも同じでしょう。

大抵の営業に携わるサラリーマンは課せられた営業目標数字を追うことになります。世の中、意外とシンプルで、与えられた営業目標を達成するために血まなこになるというわけです。当たり前と言えば当たり前です。

しかしながら「それだけで良いのか?」という自問自答が必要と考えました。住吉支社在籍も三年目、四年目ともなると、すっかり周囲の環境にも慣れ、ある意味ではどこか余裕も生まれてきます。「このまま流されたままで良いのか?」という疑問が芽生えてきます。

◎配属部署で何か足跡を残そう

私は、元来あまのじゃくというか、他者から与えられたり押し付けられたりすることを極端に嫌うところがあります。逆にいうと目標は自分で見出し、自ら高い目標を設定するという一面があります。在任期間が三年目ともなると周囲の環境、例えば保険代理店との人間関係も出来てきます。通常ならそんな慣れた環境にドップリと浸かり、流れに身を任せていた方が楽でしょう。しかしながら、私はそれを良しとしませんでした。

「住吉支社で何か足跡を残そう」——そう考えた私は他者から与えられない二つの目標を見出します。一つは研修生の育成。二つ目は女性代理店の育成でした。一つ目の研修生はプロ代理店になるために二年間会社から給与を得て、保険商品の商品知識を習得し、将来の自分の顧客を開拓します。始業前の約三十分を利用して、保険知識や金融や法律などの周辺知識を幅広く習得してもらう勉強会をやってみたい。在籍研修生に声を掛け、私の思いを説明し理解してもらい、了解を得ます。もちろん、上司である支社長にも説明して実施の了解を取り付けました。在籍していた研修生は二名。私よりも年輩です。二名ともに素直で理解力もあり、この会は良い方向に向かいました。長続きするように週に二回実施していました。続けることは自分自身得意だったこともあり、一年間継続しました。支社所属のほかの社員にも影響して、支社全体も明るく活気づいたように思います。

当時は事務職と呼ばれていた女性社員や先輩社員、支社長のフォローアップや何より二名の研修生の営業努力もあって、会社全体で実施されていた研修生営業プログラムの営業成績で二名ともに全国の同期研修生の一位に選抜されました。当該研修生は入社期が違いましたので、同期の全国研修修生の中でそれぞれ全国一位に輝いたのです。成績優秀な研修生のうち、全国同期研修生上位二名までがハワイ研修旅行のご褒美もありました。彼ら二名が次々と二年間の研修プログラムを終え、立派なプロ代理店に成長していったことは、担当であった私の大きな誇りとなりました。

二つ目は「あすなろ」という女性代理店組織の育成です。当時の住吉支社所属の女性代理店は、ほとんどが子育ての終わった中高年女性でした。彼女たちからすると入社六年目の若手社員であった私は、息子のような存在と映っていたでしょう。通称すみよし婦人倶楽部という名称で四半期に一回程度、支社に集ってもらい勉強会を開催しました。また時折行われた本社キャンペーンへの協力を仰いだり、茶話会のようにお茶とお菓子を振る舞ったりしました。挙績《きょせき》（営業成績）の大きなリーダー格の女性代理店が二名いて、その代理店を中心に常時七〜八名の女性代理店の人たちと談笑しながら楽しく会を組織化して、一つの代理店集団を形成しました。年に二〜三回企画される本社キャンペーンの表彰者も毎回のように輩出しました。

研修生育成と女性代理店育成の二つで、私はかなり目立った若手営業社員に成長していきました。加えて新規代理店設置目標数でも目標を達成し、近畿本部長賞を獲得して営業社員として脂がのってきました。

本社や地区本部、支店の営業方針を一旦受け留め、ただそれだけに流されず、自分で他の高い目標を見出して目標を達成させたことで、ブレない自分軸の基礎が作り出せたのが、最初の営業現場であった住吉支社での足跡となりました。

◎初の企業営業で考え、行動したこと

二つ目の営業は予期せぬ企業営業でした。配属先が名古屋だったのでＪＲ東海や朝日新聞の名古屋本社、名古屋国税局などを担当しました。自分には企業営業のセンスがあるとは思っていなかったので、在任期間の三年間は大変勉強になったし、管理職の礎となった重要な営業経験とな

りました。私の上司には三年先輩で頭が柔かく、なかなかやり手の管理職がいました。言葉や表現は柔かいけれど、トコトン追求していく姿勢が大変勉強になりました。

私は初めての企業営業の現場で、やり手管理職の次のポジションにいました。私の後輩社員は総合職四名、事務職三名でした。私はまさにライン管理職と多くの若い社員たちの間に挟まれた潤滑油的な位置付けにありました。当然のことながらライン管理職の権限は絶大です。営業目標達成意欲も強かった私の上司は、私たちメンバーに大きな目標を課しました。それは自動車保険や火災保険などの保険期間一年を中心とする一般種目合計の年間予算達成と積立保険の年間予算達成と年金保険の年間予算達成の三冠でした。これは、当時、至難の業、ミラクルとされていました。

私は、上司からはチームをまとめることに際し、かなり大きな権限を与えられていました。次々とアイデアを出し、メンバーたちとも意見交換しながら、合意形成を図りました。

二つの事例を示したいと思います。

一つは朝礼の司会進行です。大きな企業営業店でしたから、全員の意思結集を図ることが大切です。冒頭の切り出しと、スケジュール、連絡事項の確認をしながらメンバーの顔色、表情を見て意見などを求めます。ラストはダジャレや語呂合わせで締めくくります。例えば、今日が四月一日なら、「今日も一日良い仕事を目指して頑張りましょう」と締めます。その日が七月二十九日なら「イヤなことがあってもナニクソと言って、頑張りましょう」というように、毎日必ず語呂合わせなどでメンバーの心を一つにします。

一番大爆笑だったのは、その日は五月三十一日の月末締切日でした。先ず五月なので「ゴー」と語尾を伸ばします。あとは三十一日の韻を踏めばいいだけです。なかなか思い浮かばなかったのですが、「サイン・コサイン・タンジェント！」と言い放ちました。するとメンバーたちの予想に反して、意味のない「サイン・コサイン・タンジェント」で締めたことで、メンバー全員が大爆笑したという他愛もないことでした。

二つ目は、先述した三つの保険種目の年間予算達成に向けてのチーム一丸となった取組プロセスと結果です。営業課支社なら当然のように与えられた年間予算達成に向けて邁進することが求められます。しかしながらかなり高い目標となっており、ありきたりの営業努力では達成できません。相当、大型な新規契約を獲得するか、上手に営業キャンペーンを成功させるかなど、仕掛けや創意工夫が必須条件となります。

この企業営業店で、年度末が近付いた二月、三月頃に、先ず積立保険の年間予算を達成しました。もちろんメンバー全員の営業努力の結果が実を結びました。保険期間が一年間の一般種目には自動車保険や火災保険のように保険満期がありましたので、三月末を締め切らないと最終結果は分かりませんが、二月までに年間予算達成の見通しはついていました。

そうすると残りは年金保険だけでした。年金払積立傷害保険が正式名称でしたが、私たち営業社員の間では「年金」と呼んでいました。保険満期は超長期にわたるので、新規契約を多数獲得する必要がありました。

私たちメンバーは月初めに周到なミーティングを行い、いくつかの案を出し合いました。年金保険契約を獲得するのはあくまで保険代理店です。そうするとお願いも含めて大キャンペーンを展開することになりました。私は一般営業店での経験を活かし、一件、一件成約したら保険代理店名と獲得成績をマジックで書いた成績表をオフィスの壁面や空いているスペースに貼り出すことを提案しました。そして内務事務を担当する一般職で、当時は女性職員ばかりでしたが、営業職と一般職、つまり男性職員と女性職員が二人ずつペアになり、担当していた代理店事務所（自宅も含めて）を訪問して、年金保険の獲得のお願いに回りました。年金保険は将来の貯金にも相当するため、一人ひとりの契約者にも有用であることをアピールして担当代理店をひたすら訪問します。

年金保険を獲得した代理店には、お礼の電話をしたりメッセージを書いて送ったりしました。そしてニュースを発行します。私たちは年金の年間予算を達成するというミッションを共有し、ニュースには目標（予算）と、あといくらで達成できるか？　ということを強調します。最初は一週間に一度、後半では一週間に二度など、ニュースの発行頻度をアップさせます。最後の方には主要な代理店事務所にFAXでニュースを送ったりしました。

年度末が近くなってくると、男性職員も女性職員も目の色が変わっていました。まさにあと数日で最終締切日が迫っていた頃には、選挙戦の票読みのようにどの代理店でいくらとか、あの代理店が契約してくれそうな顧客にアプローチしているなど、より具体的に情報を収集し、カウントダウンしていきます。

ある日、私の担当代理店（企業代理店でした）担当者と私で見込み客を訪問し、契約者に説明、了承してもらって申込書に調印してもらいました。その帰りに、代理店担当者と私が一緒にその年金保険申込書を持って営業店に戻ったら、営業店にいたメンバー全員から大きな拍手喝采が起こりました。私はメンバー全員に向かって、右手の握りこぶしを挙げ、ガッツポーズをしました。そうです。その申込書の成約した成績を入れて、見事に年金保険の年間予算が達成できたのです。後にも先にも、サラリーマン生活でガッツポーズをしたのは、この瞬間だけです。

◎個よりもチームとしての成果を

先述の通り、一つ目の一般営業店では私自身が、会社が求めていること以外に目標を見出し、周囲の協力も得て、獲得した成果でした。二つ目の企業営業店での三冠は、私ばかりかチーム全員が同じベクトルに向かって、皆で獲得した成果だったので喜びは倍増しました。

今や日本人ばかりかアメリカ人、並びに全世界の野球ファンが活躍に拍手喝采を送る大谷翔平選手、彼は常に口にしています。

「自分がホームラン王やMVPに輝くよりも、在籍していたエンゼルスや現在のドジャースがポストシーズンを勝ち抜き、ワールドシリーズで戦いヒリヒリした試合をして優勝したい」と。レベルの差は明白ですが、「個」としての自分自身よりも「チーム」としての勝利や成果の方が尊いのだと思います。

◎失敗は自分を変えるきっかけ

第二部に入っても、あなたの自慢話ばかりに付き合わされるのか？　と嫌気が差してきたことかと思います。実は、ここからが本当に言いたいこととなります。

私は三つの営業店勤務で、ホップ・ステップ・ジャンプする予定でした。予定というよりも自分自身やる気十分でした。不安なことがあるとすれば、初の一国一城の主で果たして期待に応えられるか？　ということでした。

結論からいえば唯一の敗戦。物語でいえば大失敗の巻でした。これまでの二つの営業店での成果は、私自身の努力もあったかもしれませんが、周囲の協力やラッキーが重なったことも大きかった。しかしながら、最後の営業店では、初めて課支社を率いるリーダーになりましたが、多くの失敗をして反省することばかりでした。だが、こうした失敗こそが、自分を変える大きなきっかけとなったのです。

◎好調な時にこそ危機意識を持とう

通常、課支社のリーダーの在任期間は三年間です。この営業店で優秀なら次に飛躍できる。誰でもそのように考えるでしょう。だが、私がリーダーとなったその営業店は、今から考えれば多くの問題点を抱えていました。徳島中央支社と鳴門営業所。この二つの営業店の責任者が私だったのです。徳島市内から鳴門市内までの距離は、ほんの十一キロ。しかしながら吉野川という大きな川をはさんで、陸地と島のような位置関係にあったため、営業所が開設されていたのでしょう。鳴門営業所には純粋な正社員ではありませんでしたが、地域をよく知る年輩の嘱託社員が所長の代わりを担ってくれていました。支社の担当者がその所長代理と連携して、鳴門営業所は運営されていました。

鳴門営業所には研修生出身のプロ代理店が三人いました。それぞれ従業員がいない個人のプロ代理店でした。厄介なことにその三人は互いに認識しているものの、あまり仲が良いわけではなく、どちらかというと個性の強い頑固な代理店ばかりでした。昭和四十年代以降、モータリゼーションの進歩とともに、自動車が普及し、当然のことながら一家に一台、二台保有する時代に移行していきます。自動車を保有すれば自動車保険に加入するのも必然であり、この時代のプロ代理店は自動車保険の契約を媒介して引き受けることにより、代理店手数料が飛躍的に伸びていきました。

当時、鳴門営業所所属のプロ代理店は五人いましたが、自立して代理店手数料だけを収入として食べていけるプロ代理店は先述の三人しかいませんでした。徳島営業所の成績はこの三人が挙げる保険料で屋台骨が築かれているといっても過言ではありません。先代、先々代の先輩支社長からの引継ぎ書を紐解いてみても、いつ頃からこの三人のプロ代理店が問題児になったかの経緯の記述がなく、新リーダーとなった私は自ら手探りで確認していくしか方法がなかったのです。

着任一年目は大変楽しかった。徳島中央支社は徳島市内中心部にあり、眉山《びざん》を中心に開けた地域にあり、長閑《のどか》でのんびりとした地方らしい町でした。私は若手の新進気鋭の支社長として、特に支社所属のプロ代理店の方々とは妙に波長が合い、ソフトボール大会を開いたり、営業時間が終わったら、唯一の歓楽街である秋田町《あきたまち》で飲み歩き、話の分かる若い支社長としてもてはやされていました。ゴルフにも一緒に行きました。支社主催のゴルフコンペを開催したり、釣り好きなプロ代理店宅へ呼ばれ、徳島名産のぼうぜ寿司を振る舞われたりもしました。加えて徳島といえば阿波踊り。八月十二日から十五日の四日間は支店の営業体制もゆるやかで、街中が阿波踊り一色になります。会社としても毎年「企業連」という阿波踊りのグループを形成し、演舞場を踊り歩きます。社員もその家族も所属の代理店も一体となった一大イベントとなります。

支社の成績も好調でした。しかし楽しくて明るい生活は前半の二年間だけでした。三年目に波乱が起こります。一つのきっかけは保険業務の機械化でした。本社が推進している機械化を地方にも推進するという時代が到来したのです。特にプロ代理店や代理店を務める大きな自動車整備工場に機械化を進める大号令が掛かりました。具体的には保険代理店にパソコンを設置してもらい、本社機能とオンラインで結び、情報収集や保険事務の機械化にも協力してもらうということでした。長閑な徳島に最先端の機械化は大変唐突でした。代理店たちは、こぞって反対の姿勢を示しました。私も会社を代表する支社長です。時代の流れと捉えて、少しずつ時間を掛けながら説得していくこととなります。もちろん、部下である総合職担当者たちが最前線に立つことになります。

さて一方で、徳島市内よりも更に長閑な鳴門営業所所属の代理店、とりわけ先述の三人のプロ代理店には、総スカンを食らいました。

時代の大きな変革と長閑な地方都市。初めからマッチするはずもありませんでした。

世の中というのは不思議なもので、何か問題が起こるとあちらこちらで小さな問題が発生します。例えが、適切かどうかは分かりませんが、海洋大地震が発生すると、あちらこちらで津波が起こるのと似ています。小さな問題でもあちらこちらで起こると、次から次へと派生していきます。私は支社の最終責任者です。部下たちの手に負えないことは、どうしても支社長である私に降りかかってきます。私は自分でいうのもおこがましいですが、最初の営業店も次の企業営業店でも部や支店で活躍して目立っていました。会社は、それらを評価して問題になっている支社を託したようにも感じられました。

イソップ物語の『アリとキリギリス』を思い起こさざるを得ません。後の祭り。後悔先に立たずでしょうか。

今から考えれば、私はもっと危機意識を持つべきでした。前半二年間の好調な時に好調の原因を分析し、それが分かれば、仮にその好調な要因がなかったらと考え、それに対処するありとあらゆる手段を講じねばなりません。例えば有力な新しい代理店を発掘するとか、重要契約者に多種目の企画提案をするとか、広く一般の契約者向けに良い保険を提案し、多種目販売するなど、地道な努力をすべきだったのです。

私の一年目二年目はキリギリスのように、あるいは『ウサギとカメ』の物語で居眠りしていたウサギのようでした。

私の徳島での営業は前半の好調に比して、苦難の最終年で終りました。そして失意のままに通常の三年間の在任期間を経て、久しぶりの内勤に就くこととなりました。

◎ブレないスタンスを貫こう

会社は生きものです。社是は変わらずとも会社の経営方針は変わるもの。先述した通り、会社は中期経営計画の名とともに経営方針はコロコロと変わるものと認識すべきです。日本経済は資本主義経済です。ということは、企業成長が大前提になります。もっと端的に言えば営業成績を向上させていくことが企業経営の根幹となります。

しかしながら、果たして「個」としてのサラリーマン、つまり自分自身もコロコロと変わっていけるでしょうか。例えば昨日までAを目指して頑張ってきたのに、今日になったら、「Aはもういいので、今日からはBを目指して頑張ってくれ」と言われて、「ハイ、分かりました」と言えるでしょうか。

「私ならいつでも変われますよ」と胸を張って言える人はサラリーマン中のサラリーマン。ある意味では偉いでしょう。賢いでしょう。しかしながら、立派かと問われれば、立派ですと胸を張れるでしょうか。多くのサラリーマンは思い悩み、矛盾を感じながらも自分の思いを押し殺して会社が変更した方向に追随するのではないでしょうか。なぜなら生活がかかっているからです。何故なら愛する伴侶や家族を守るためだからです。

私は、会社が昨日までの経営方針を手の平返しのように変更したことに対して、思い悩む人は、とても人間らしいと思います。なぜなら大事にしたい「個」を持っているからです。

コロコロと毎年のように経営方針が変わることに何の疑問も持たず、カメレオンのようにあっちへフラフラ、こっちへフラフラする人は、親ガメこけたら子ガメである自分もこける危険性を孕《はら》んでいます。

私は徳島での悲痛な経験を生かして、自らの「個」を一番大事にしてサラリーマン生活を送りました。仕事の本質を考え、顧客の利益や幸福につながる自分軸を持とうとしました。ブレないスタンスを持つと、人間強くなれます。大抵のことには動じなくなります。

例えば同じ立場の社員が一堂に会する、全体会議があったとします。会議のシナリオは当然ながら主催者側が握っています。質疑応答の時間が通常は用意されています。私は常に問題意識を持とうとしていたので、質問がたくさん思い浮かんできます。当然のように真っ先に手を挙げて質問します。主催者側は想定問答になかった質問に焦り出します。そのような場合には、後日回答しますなどということも多かったです。私は自己満足や自分を誇示するために質問するのではなく、同じ立場の社員たちの代表の声として質問することが多かった。ひいては顧客の利益や喜びや幸福につながっていると思って積極的に質問をしました。

こんなブレないスタンスもあってか、第一の職場での終着駅ともいえる企業型確定拠出年金制度の推進者となってからは、社長賞の栄誉を二回獲得することもできました。

上司との面談では「あなたは、この会社の中でも稀有《けう》な人ですから……」という台詞《せりふ》も聞けました。「稀有《けう》な人」とは、さまざまな解釈ができるでしょう。ひょっとしたら揶揄《やゆ》した表現なのかもしれませんが、私は勲章をもらったと思えました。それは私がサラリーマンらしくないサラリーマンで、言うべきことは言う、やるべきことはきっちりやるというブレないスタンスを貫いたからこその言葉だったと考えています。

第二章　仕事を楽しむ

第二部は「サラリーマン生活を30倍楽しもう」。その第二章は「仕事を楽しむ」、第三章は「生活を楽しむ」、第四章は「人生を楽しむ」。この三つの章では、私がサラリーマンらしいサラリーマンとサラリーマンらしくないサラリーマンの双方を経験したこと。そんな中で真にサラリーマン生活を30倍楽しむために心掛けたこと、実践したことを記します。そして、今、第一線のステージから離れ、パートタイムスタイルのサラリーマンに復帰してからも、自らサラリーマン生活を30倍楽しもうとしています。

そこで第二章から第四章までは、どこから読んでいただいてもいいように読み切りスタイルにしています。

◎名刺は汚して使おう

サラリーマンにとって名刺は必須アイテム。営業部署に配属されたら、即、利用できるように予め会社が準備してくれます。経費節減にうるさい会社でも、名刺だけは社員全員に等しく配布してくれるものです。

さて「名刺の使い方なんて普通に一つなのではないの？」とお思いかもしれませんが、いえいえ、それが、そうでもないのです。私は営業現場では名刺は汚して使っていました。「汚すって、泥水にでも浸けるの？」なんて考えてしまいますが、さにあらず。この方法はアポなし営業や新規開拓営業にとても役立ちます。

例えば、ある既存取引企業の営業部長をアポなしで訪問したとします。相手は営業部長なので外出しているか、社内にいても会議中などでいないことが多いでしょう。でも無駄足だったと悔やむことは全くありません。私はおもむろに自分の名刺を取り出し、日付と要件を走り書きします。当然ながら相手先の名前や役職を書き、「いつもお世話になっております。近くまで来ましたので、立ち寄らせていただきました」などと一行か二行書き添えます。そうすると次回のアポイント訪問がし易くなります。アポイントのため電話をかけた時の反応に、グッと親近感が湧きます。相手先も電話口で、

「先日、寄ってくれたんだね。悪かったね。ちょうど外出していたんだよ。そう、じゃあ、来週水曜日の午後一番だったら空いているんだけど、大丈夫かな？」などと返してくれます。

私は、「ありがとうございます。来週水曜日の午後一時にお伺いさせていただきます」と、すかさずアポイントを取ります。無駄足のようで無駄足ではなかったというわけです。

もう一つ事例を挙げます。それは新規開拓訪問の場合の名刺の使い方です。それは、石川県内で老人介護施設を何十も運営する本部でした。評判やネット検索などから人事部長に権限があることが分かってきたので、前述した名刺の使い方を実行しました。

ツテがあるわけでもない全く白地の新規見込みグループ企業でしたから、力ある人からの紹介

もありませんでした。私は考えました。これは何度も訪問して絶対に会ってもらおう。それからは毎週のように何度もアポなし訪問して、名刺に日付と一行コメントを書いては受付などに手渡して帰りました。何度か訪問した後、ダメ元と思い、取り次いでもらった人に「ちょっとご挨拶だけでもと思いまして。この名刺をお渡しください」とお願いしました。するとしばらくして、ノーアポイントにも拘らず、人事部長が出て来てくれたのです。

開口一番、

「いつもごめんなさいね。あなたの名刺、全部取ってありますよ。十六枚あったかな」と。

これはとても嬉しい反応でした。結局、さまざまな要因で新規取引には至りませんでしたが、確実に自社の名前を記憶してもらうことはできました。

第二の職場でも同様に行いました。会社にも貢献できた事例を一つ挙げます。先述したように定年まで全うした第一の職場は損害保険会社でした。多くの職種に就きました。株式ファンドマネージャーと終着駅ともいえる企業型確定拠出年金制度の導入提案営業。そして自身でも一級FP技能士や一級DCプランナーライセンスも取得しました。いわば金融のプロフェッショナルという訳です。定年を迎えた時に、ある出会いからラッキーにも資産運用会社で働くことが出来ました。この歴史が浅い会社は長期投資を世の中に普及させることを一番の目標にしていました。採用面接を通じて、若手社長から託された私へのミッションは、成績を向上させることよりも会社で働くほとんど三十歳代の若手社員に対して、知見やノウハウをトランスファーしてもらいたいということでした。

私は、若手社員たちに手本を示そうと思い立ちました。それには、これまでにこの会社で行われたことがないことをやってみることだと強く感じました。私は常々、この国には資産運用が根付いていない。財産形成の中でも国民の長寿化に伴う老後資産形成は必須である、と強く感じていました。そこで閃いたことがあります。大学です。大学生に長期投資を通じて自立した自分を確立するためにも、先ず、知識よりも知恵や理念を学んでもらいたいと考えました。東京六大学や国立大学などをピックアップして、アプローチしました。学生部に足を運んで、汚した名刺を渡しました。進めていくうちに、第一の職場で株式部在籍時に三年後輩だった同僚が、大学で教鞭を執っていることを想起しました。その同僚は三十歳代で早期退職し、アカデミックな道に進んだことは知っていました。知人からの情報や大学のホームページなどから都内の有名私立大学の教授になっていることが分かりました。彼とはかれこれ二十年以上も音信が途絶えていました。今や教授になった彼からすれば私は何者でもない人になっていたというわけです。

最初はひたすら名刺を汚して学部事務所に通い、かつて後輩社員だった当該教授の名前を宛名書きして、窓口担当者に渡します。その時に担当者に怪しまれないように「かつて働かれていた会社の同僚なんです」と親しみを込めて手渡します。そんなことが二、三回繰り返され、期待していた通り、その教授から一通のメールが届きました。

「ごぶさたしています。何度か足を運んでいただいたようで恐れ入ります。今度いらっしゃる時には、このメールにご連絡ください。学食でランチをご一緒しましょう」という内容でした。当然のことながら次の私の行動は、メールの返信にお礼と次回訪問のスケジュール候補日程をいくつか示し、とうとう約二十年振りの再会を果たしました。

私は、教授に対して一つの提案をします。

「貴君のゼミや授業の一コマで、財産形成や長期投資の有用性を学生にレクチャーさせていただけないか?」との厚かましい提案を、教授は即決してくれました。

「実は毎年のように、実業界からゲストスピーカーを迎えて、無料公開講座を授業の一コマに入れています。今年は先輩の資産運用会社に授業をお任せします」とのありがたい返答でした。

私は早速会社に持ち帰り、社長と運用責任者である役員に報告します。当然のごとくその年の授業の一コマに二人が講師になって授業が行われました。その教授の授業は人気があり、何と二百人もの学生が授業を真剣に受けてくれました。その上に教授は学生に授業の感想をレポート作成し、提出することを義務付けました。試験の一環として評価の対象にすると学生に説明されたので、ほぼ全員がレポートを提出したことはいうまでもありません。数カ月後に教授は提出された全員のレポートを提供してくれました。

別途、私は全員のレポートを分析し、当代の学生の財産形成や長期投資についての考えをグラフ化、パワーポイント資料を作成して、全体会議で全社員の前でプレゼンしました。

この出前授業は二年連続して行われ、教授と私の第二の職場である会社とのパイプがかなり太くなったことは言うまでもありません。

私としてもこの経験は成功体験になったし、自信が付きました。

考えてみれば、かつての同僚とはいえ、二十年もの空白期間を飛び越えて、好循環の成果につないだのは一枚の汚した名刺でした。

◎愛・地球博（愛知万博）に出向して学ぶ

久しぶりの国家プロジェクトとなった愛・地球博（愛知万博）は正式名称が二〇〇五年日本国際博覧会と言いました。開催を準備するのは、二〇〇五年日本国際博覧会協会でした。ここに私は一万五千人の社員の中からひとり選ばれ出向しました。三年九カ月間在籍していましたからドップリと博覧会の職員になっていました。第一の職場である損害保険会社の仕事からは完全に離れ、国家プロジェクトを成功させるために一生懸命に考え行動したと思います。

博覧会協会の事務所は大きく二つに分かれていました。当然のことながら会場づくりのために愛知瀬戸長久手エリアに九割以上の職員が詰めました。私は残念ながら東京の事務所にいました。博覧会は国家プロジェクトであるが故に、官庁が深く関わります。最も中心となるのは経済産業省です。そして外国を誘致するのは外務省。広報宣伝するのは確か総務省だったかと思います。

私は資金証券部の調査役という役職でした。資金証券部に課されたミッションの根幹は、会場建設費の資金調達でした。会場建設費予算総額は、千三百五十億円。これを国と地方自治体である愛知県、そして経団連始め民間企業とで三分の一ずつ均等分割して、それぞれ四百五十億円ずつ資金調達します。これらの数字は当初から公表されていました。私たち資金証券部は民間部門の四百五十億円を具体的には資金集めすることになります。

◎十七億円はこうして集められた！

私は資金証券部調査役として十七億を集めました。既に二十年経過していてもよく記憶しています。集めるといっても現金を集めて来るのではなく、「約束手形」をいただくという訳です。経団連加盟の経済団体をいくつか担当しました。「応諾書」という「約束手形」を一つで十億円の応諾書をいただきました。当時、愛・地球博は別称トヨタ博だと言われるほど揶《や》揄《ゆ》されていました。日本自動車工業会はそのトヨタ自動車が中心となっていましたので、早期に博覧会への寄付金供与は決定されました。別に私が苦労せずとも当たり前のように決まりました。

一番苦労したのはJEITA。電子情報技術産業協会でした。博覧会協会が期待した寄付金額は三億円。カラクリがありました。協会として三億円は応諾したい。ただし、加盟会員企業が大小何百社もあり、業績もさまざま。主要加盟企業を博覧会協会で一社ずつ訪問して、応諾を取り付けていただきたいというものでした。これは言ってみれば〝空手形《から》〟を切られたようなものです。博覧会協会としては電子情報技術産業協会に協会として取りまとめを期待するのですが、大変厄介な役目が博覧会協会に回ってきました。私が担当したので、私はひたすら加盟企業を訪問することになります。

◎電話、アポイント、訪問を繰り返せ

三年九カ月在籍していた博覧会協会東京事務所。実務的には会場建設費の寄付金を集めることが日常業務となります。開催日が日一日と迫って来るに連れて、博覧会そのもののコンセプトや

コンテンツが進捗してきます。当然のことながら会場づくりやパビリオンの外観なども設計施工されてきます。広報PR誌や会場のイメージ図が記載された紙面を訪問先で配布し、窓口責任者や担当者にPR説明します。最後の決め台詞はおおむね決まっています。「愛・地球博は国家プロジェクトです。ご応諾いただけたらメリットが二つあります。一つは、寄付金が全額損金計上となることです。二つ目は、貴社の名前が寄付金を提供していただいた経済団体や企業名として記念碑に永く刻まれますし、記念誌にも記載されます」ということでした。これらを手際よく、しかも熱っぽく語るのです。

企業にとって博覧会に寄付金を提供することは窓口担当者や単独部署だけで決めることではありません。当然ながら企業の社長、経営陣などの決裁を得て、取締役会決定事項となります。私はこのシンプルな仕事にやり甲斐を感じていました。誇りを持って国家プロジェクトに参画していたという意識がありました。

企業によって担当する部署や窓口が異なります。総務部や広報部、社長室など。ほとんど全て経団連加盟企業ですから当然のように国家プロジェクトである愛・地球博への寄付に協力依頼が通達されているはずです。企業の担当部署が分かればひたすら電話してアポイントを取り訪問する。そして主旨説明して寄付を依頼する。一千万円や五百万円など企業規模によって期待される寄付依頼額が違ってきます。企業にとっても重要案件となるため一回の訪問では決まらず時の経過を経て、何度も訪問することになります。ある企業では、上層部の決裁がなかなか下りず、担当者が板挟みとなり、博覧会協会の窓口である私がアポ電を入れると、明らかに居留守を使っている企業もありました。しかしながら私は出向元の損害保険会社で三つの営業課支社を経験しています。企業営業も経験しているのでアポイントの上手な取り方も知っています。まさに蛇に睨まれた蛙のように窓口担当者にアポイントを取り訪問します。そして遂には居留守を使われた企業からも応諾を取り付けたのです。

◎断られても諦めない

私は損害保険会社で豊富な営業経験を有していました。コミュニケーション能力の幅も広がってきていました。

ある大手時計メーカーの販売企業に寄付依頼をしました。窓口は広報部長だったかと記憶しています。何度か訪問し、説明し、寄付依頼をして感触は良かった。しかしながら寄付案件の稟議に承認が得られませんでした。これまでの訪問説明が好感触だっただけに、私は大きなショックを受けました。

私は考えに考え抜きました。このまま引き下がるのは簡単だ。諦め切れない。何とかしてこの企業から応諾を得たい。考え抜いた結果、手紙を書きました。上司や誰からも指示されたわけでもなく助言があったわけでもありません。突き詰めて考えた結果が広報部長への自筆の手紙でした。そしてそのうえで、博覧会協会の資金証券部の総責任者である審議役を動かしました。断られた企業に同行してもらったのです。いわば権威付けをしたわけです。寄付を依頼した企業は根負けしたのか、花を持たせてくれたのか、とうとう応諾してくれたのです。私はこれが最も嬉しかったのです。

ＡＩがどのように進展したとしても企業の行動は人間が司《つかさど》るものです。最後は人間の心がどれだけ本物で真剣であるかによって好結果が得られることを学びました。

諦めるのは簡単です。諦めたらゲームセットです。自分にブレない信念があるのなら、諦めないで何とか前に進むことを考え行動するのみです。

◎自己の成長はグッドクラッシュにあり

「人種の坩堝《るつぼ》」という表現があります。例えばアメリカ合衆国は移民国家でもあり、多種多様な人種が混在して、一つの国家を形成しています。国家プロジェクトである愛・地球博の準備機関である博覧会協会もまさに人種の坩堝《るつぼ》でした。霞が関、官庁としては経済産業省、外務省、総務省など。開催地自治体としては愛知県、名古屋市、瀬戸市など。民間からは開催地に密着したトヨタ自動車、中部電力、東海銀行（現三菱ＵＦＪ銀行）、デンソー、瀬戸信用金庫など。広報やイベント企業では電通、博報堂、他にも日立製作所、三菱商事、三井物産などの商社。そして博覧会会場建設の損害保険に関わる損害保険会社。ありとあらゆる業種、業態から企業の社員が出向派遣されてきました。

官庁、自治体などの「官」とさまざまな業種業態「民」では当然のことながら企業風土も慣習も異なります。議論伯仲することはしょっちゅうです。まさに喧々諤々《けんけんがくがく》、時にはまるでケンカをしているかの様相もありました。しかしながら、それぞれの母体から出向して来た人たちは、皆、真剣そのもの、本気で博覧会を成功させるために懸命に考え議論しました。

私は学びました。こういうのを〝グッドクラッシュ〟と称するのだと。私もよく議論に加わりました。いつも切れ味鋭い考えや意見が浮かんだわけではありませんが、常に物事を進め、完成に向かうために考える癖は博覧会協会の人種の坩堝《るつぼ》に身を置いていた時に身に付いたのかもしれません。

◎好奇心をふくらませる

コロナ禍と第二の職場終焉を経て都内有名私立K大学の学生寮の食堂で働いて一年半が経過しました。気に入っている点が大きく三点あります。一つ目は自宅マンションから徒歩八分の距離にあること。二つ目は若い学生たちと毎日接することができる点。三つ目は国際学生寮であり海外からの留学生たちと英語、中国語、韓国語などを介して交流できることです。

食堂で働いているといっても、私は調理された料理の盛り付けや食事の提供。食べ終わり戻された食器の洗浄や食洗機、乾燥機を利用して食器の収納整理や清掃をすることです。

これまで、第一の職場でも第二の職場でも金融業務の最先端で働いてきたキャリアとは全く異なるフィールドで働いているのです。

これまで頭をフル回転させてきたことが全く通用しない世界ですが、これがまた楽しいのです。元々勉強することが好きなせいか、毎日勉強することが本分の学生たちと接しているだけでも元気やエネルギーがもらえるのに、そのうえに会話や対話ができる。私は夕食の担当ですが、毎日八十〜百人くらいの学生と接します。約三割は海外留学生です。アメリカ、イギリス、フランス、ドイツ、スペイン、インド、ブラジル、中国、台湾、シンガポール、韓国など全世界からの留学生です。必然的に学生たちの共通言語は英語です。私は下手なりに表現を調べたりチェックしたりしながら、主に英語でコミュニケーションを図ります。ネイティブと何とかコミュニケーションできるのは、英語と韓国語だけですが、最近では中国語ももう一度学び直そうとテレビの講座を欠かさず視聴しているところです。

元来、料理に関わることから一番遠い存在だった自分が、どうしてこのようなフィールドで働くようになったのか？　自分でも不思議です。偶然としか言いようがありません。もし、コロナ禍がなかったなら、この選択肢はなかったかもしれません。第一の職場で定年後の働き方については第一部第一章で述べた通りです。そのまま再雇用の道もありましたが、自ら培ってきたキャリアを活かして独立系資産運用会社に転身しました。五年目のキリの良い年に深くて暗い闇ともいえるコロナ禍に陥りました。すべての人がそうであったように私も先行きが見えなかった。困難が次の困難を招くように、私に、いくつかの逆風が押し寄せました。そのためか気力が湧かず、睡眠障害にも陥りました。

そして第二の職場を五年間全うしました。いくつかの足跡も残しましたが、私としては不完全燃焼でした。実年齢上では公的年金と企業年金を受給する権利を得ましたので、二つの年金を受給しながらもまだまだ働く余力はありました。ハローワークに数日通いました。しかしながら得意分野であった金融分野では年齢条件が厳しく全く新たな職場は見出せなかった。とうとう私は引きこもりシニアの仲間入りをし、仕事もしない独居老人になってしまいました。ダラダラした毎日を送るのですが、一筋の光を得たのがテレビの「料理番組」だったのです。五分番組でしたが、初心者向けでしたので教材も購入してテレビ番組を視聴しました。物は試し、いくつかの料理を作ってみては自分で食べてみると、これがなかなか美味しいのです。元々美味しいお店で食事をしたり、行きつけのお店もいくつかありましたので、何となく趣味感覚で料理を認識していました。

そんな折、一枚の広告チラシに目が釘付けになったのです。それが大学学生寮の調理補助職のパートアルバイトだったというわけです。料理、若い大学生、近距離職場。何と三拍子揃ってしまったのです。すぐに応募し、履歴書を送り面談に臨んだことはいうまでもありません。

◎何でも知りたがろう

料理に関する仕事に就くのは全く初めてでしたので、最初は見よう見まね。少し慣れてくると、いくつかの疑問が発生します。メイン料理の肉や魚に野菜などが添えられます。いわゆる付け合わせのことをこの世界では「ガロニ」と言います。私は耳慣れない用語だったので、コックさんや管理栄養士に聞いてみました。「ガロニって何語なんですか？」と。複数のコックさんや管理栄養士もガロニがどういう役割をするのかなどは答えられても、何語なのか？　などという質問が飛び出すとは思いもよらなかったようです。仕方がないから自分で調べました。フランス語が起源で、ガルニーチェを略してガルニまたはガロニと呼ぶようになったようです。ちなみに英語ではガルニチュールです。料理を仕事にする人たちが、何の疑問も持たずにガロニと呼んでいたメイン料理の付け合わせのことを、ずぶの素人の私は素朴にもう少し知りたかったのです。

翌日、問いかけた人たちに、フランス語が起源であることや英語の表現などを教えてあげたら「ありがとうございます。勉強になりました」と返されました。こうして未知の分野でも素朴な疑問が湧いたら、何でも聞いてみることです。お互いの学びになるかと思います。

◎良い仕事をするために一工夫しよう

最近では和食文化が全世界にも普及し、海外留学生は全員箸の使い方が上手です。ご飯や味噌汁、ラーメンなどを器用に箸で食べていることに全く違和感はありません。むしろ本当に上手に箸を使うなあと驚くほどです。

私が勤めているK大の学生寮の食堂は、企業体によって運営されていますので、売上げや利益が当然ながら会社の重要事項となります。学生寮には海外留学生を含め、百六十人くらいの学生が在籍しています。中にはベジタリアンやビーガンがいます。宗教上、肉を食べない留学生もいます。予め予約する方式ではなく食券制であり、日によっては想定外に学生が多く押し寄せたり、イベントや友人同士の旅行などで食数が読めないこともあります。食材の手配はコックであり、店長でもある人がするわけですが、学生に最も近い存在である私も食数の推移については関心があります。主に食券を集計すると、その日の食数が結果として判明します。しかしながらラッシュの時には並んだ学生がまれに食券を出し忘れたりすることもあります。私は考えました。そうだ、箸を数えてみようと思い立ちました。別に誰からも指示や助言があったわけでもありません。良い仕事をするための私なりの工夫だったのです。

例えばその日、食券が九十枚だったとします。そして箸を洗う時、食洗機にかける時にコマメに数えて、ホワイトボードに素早く記録します。その日の仕事が完了した時に、ホワイトボードの箸の数の合計が九十だったら食券の数と一致して、より食数の精度が上がります。今では、九〇%以上の確率で食券数と箸の数が一致します。まれに一致しないことがあります。例えば食券数が九十であっても箸が九十一ということもあります。その場合には学生が箸を落として一本補充したのかと推量できます。なお食券には通しナンバーが付してありますので、学生が食券を出し忘れたことも検証できるという訳です。たかが食券や箸かもしれませんが、食数の把握は食材の発注にも直結するため、考え方によっては重要事項の一つです。メニューによってはその献立がカレーやスパゲッティなどの場合にはスプーンやフォークも加わります。箸と同様に洗い、食洗機にかける時にカウントします。若干手間ではありますが、精度の高い仕事をするためにも名探偵コナンにでもなったつもりで、数の違いを推理することも仕事を楽しむという観点では私には必要なことになったのです。

◎仕事中に外国語が学べる楽しみ

先述したように国際学生寮なので、約三割が海外からの留学生です。ヨーロッパ各国の留学生も中国などのアジア各国の留学生も全員英語を話します。私もある程度ヒヤリングやスピーキングはできるので、ブラッシュアップする良い機会と捉えて積極的に話し掛けます。簡単な英会話の機会は主に二回あります。最初は食事の提供の時。そして食事を終えてトレーや食器を返却してもらう時の二回です。食器返却口には、食器を軽く洗ってもらうためのシャワーとその食器を投げ込んでもらう水槽があります。そのタイミングでさりげなく留学生たちの顔を見ながら英語で話しかけます。必ず全員と話してみようと考え行動に移しました。何故か？ それは食堂で食べる時には、楽しい気持ちになってもらいたいためです。明るく楽天的な人たちとは会話も弾みます。ですが、意外とひとりでスマホを眺めて食べている人も話しかけると話が弾むこともあります。中国やアルゼンチンで弁護士資格を取得した人も日本の法律を学ぼうと留学している人もいます。そういう人たちには少し学習の内容などにも触れることがあります。

日本人学生が七割。海外留学生が三割ですが、全員に声掛けします。中にはこちらの話に合わせて言葉を返してくれて、話題が盛り上がることもあります。終日、授業や部活、サークル活動にアルバイトと忙しく過ごす学生たちが食堂に来て、美味しい料理を食べながら友人たちと会話を弾ませる。ひとりが好きな人もスマホを眺めたり、音楽を聴いたり、テレビ画面を観ながらリラックスしてもらう。そういう雰囲気を作ることが私の大きな役割と認識して、若い学生たちからもエネルギーをもらっています。

◎小さな言葉掛けが大きな喜びに

学生寮の学生の中には本格的な体育会部活動に忙しい人たちもいます。陸上部、フェンシング部、バレーボール部、ボクシング部など。そしてその中には空手部に一年の後期から入部した女子もいます。ある夜、夕食の営業時間終了間際に、その彼女がトレーを持って最後に並びました。私がご飯や味噌汁、メイン料理を提供していると、何と突然泣き出したのです。「どうしたの？」と訊くと、「今日の練習の時に先輩から厳しく言われてしまって」と。彼女は高校でも空手部に所属していました。同じ一年生の女子部員が自信を失って退部した後にかなり活躍を期待され、女子の形《かた》の団体のメンバーに抜擢されていました。

先輩曰く、「大会が迫ってきているのに、こんなことでは入賞すらできない！」と。

空手女子は、恐らく食事の順番を待っている間に、そのシーンを思い出したのでしょう。急に泣きじゃくったのは、余程ショックだったのでしょう。私は、「大丈夫だよ。あなた頑張ってるし」とフォローするのがやっと。私も大学時代、体育会合気道部員だったので、何となく気持ちは分かります。彼女は泣きながらも先輩の一言で、自分の情けなさを思い知ったと自己分析していました。彼女の頑張りもあって、見事に秋の全国大会で三位に入賞したとの報告を受け、我が事のように喜んだのはいうまでもありません。

第三章　生活を楽しむ

◎二十四時間自分の時間

四人家族の中で太陽のような存在だった妻が他界して十年の時間が流れました。妻とある意味では友だちのようにして育った二人の息子たちも自らの専門分野を見出し自立しました。しかも二人ともに良き伴侶にも恵まれ、パパとなって子育て奮闘中です。そんな幸せな姿を見ないまま妻は旅立ちました。二人の息子たちが巣立った後は自宅には私ひとりが取り残された状態となりました。当時は、コロナ禍からまだトンネルを完全に抜け出せない状況だっただけに、ややオーバーですが大海にひとり放り出されたような感覚がありました。第二の職場五年間を全うして次のステージが見えないままでしたので、無気力なまま日々を送ることになります。だが、時の経過とともに第三の職場も幸運なことに見つけられて、ようやく二十四時間がすべて自分のものになりました。

私は妻から二十四時間自由な時間をプレゼントされたと思っています。ですから与えられたこの時間を有効に活用し、有意義な人生を全うする務めがあります。

◎自分のためだけに使う時間を持つ

この本を手にしていただいている人たちには、フルタイムで働いている人たちも多くいるでしょう。あるいはパートタイムでも二つの仕事を掛け持ちしている人もいるかもしれません。この人たちにはかつての私がそうであったように、自由な自分の時間がほとんどありません。自分のためだけに使える時間がほとんどなければ生活は荒《すさ》みます。その上、仕事がハードだったり、多くのストレスを抱えたりすると、メンタルまで影響を受けます。ですが、何とかしてその状態から脱出する方法を見出さなくてはなりません。

私は幸いにもそんな中でも「楽しみ」を見出せました。きっかけは私の不得意分野の料理でした。五分間の料理ビギナーズ向けのテレビ番組がきっかけとなり、美味しい料理を従来のように食べるだけでなく、へたくそながらも作ってみようと思えるようになったのです。人は日々の生活に楽しみを見つけ、その楽しみのために、何かに没頭すれば、苦しい現状から抜け出すことができます。

◎サラリーマン生活で見出した楽しみ

第一の職場から第二の職場に移ってもフルタイム勤務は変わりませんでした。しかしながら第二の職場では契約社員の身分だったので、会社のイベントなどがない限り、残業はしませんでした。終業時刻の十七時半になったら、職場を後にしました。そこからが生活の楽しみとなります。第一の職場でも出張の多い職務でもあったので、楽しみを見出していました。その楽しみとは映画鑑賞だったのです。

コロナ禍までの十年間は、ひたすら多くの映画を観ることにしました。最初は年間に五十本。それが実現したら年間に百本。そして百五十本、二百本と着実に本数が増えました。するとほぼ毎日観るようになり、土日祝日には複数の本数を観ます。もちろん、映画館やシネコンの大スクリーンを通して観ました。最も多い年では三百八十本を観ましたので、まさに毎日一本平均で映画鑑賞をすることができました。

それだけ多くの映画を観ることができたのは、東京近くに住んでいることが大きな要因かと思います。なぜなら商業施設の中に併設されているシネコンや単館と呼ばれるスクリーンが一つしかない映画館など多種多様な映画館があったからこそ可能だったのかもしれません。また洋画ばかりでなく邦画、韓国映画などあらゆるジャンルの映画を鑑賞できたからこそ可能だったのでしょう。

◎映画の楽しみ方

映画の鑑賞本数を増やすためには、洋画、邦画などのジャンルに拘らず何でも観ることが必要です。いわゆる胸キュン映画も観ました。中高生、しかも女子が多い中で人の目を気にせず観るには最後列がオススメです。ただ映画が終わって場内が明るくなる前、できればエンドロールが流れている時に、すみやかに立ち去ることが恥ずかしさを伴わないで鑑賞するコツです。

鑑賞本数が増えてくると、やはり自分の好みが分かってきます。私の場合、韓国語を少々学んでいるので、韓国映画ならほとんどの作品を観ます。洋画なら比較的古い、名作と称される作品を好みます。新しい作品の中でも『スター・ウォーズ』のようなSF作品の秀でたものは観ていて迫力を感じます。邦画もよく観ます。昭和の時代の名作も良いですし、最近の作品でもサスペンス作品などは好んで観ます。

自分の好みのジャンルが分かってくると、次はお気に入りの俳優や女優が出演している作品を観ます。例えば吉永小百合作品を集中的に観ます。高倉健の任侠モノや渥美清の寅さんシリーズ、加山雄三の若大将シリーズ、石原裕次郎主演の映画もたくさん観ました。最近では岡田准一の主演作品にも感銘を受けました。

ここまでは一般的な映画ファンの観方だと思います。次の段階では映画監督を一人ひとり選んで観ます。順不同でいくつか挙げてみると、邦画では黒澤明監督。『七人の侍』『生きる』などは名作と言えるでしょう。そして小津安二郎監督。『東京物語』や『晩春』などはかつての日本人らしさや日本の家族を上手に炙り出します。最近では是枝裕和監督。『そして父になる』『万引き家族』などの作品では血縁や家族の物語を見事に紡いでいます。

洋画では、何と言ってもスティーブン・スピルバーグ監督の名が浮かびます。初期の『激突!』『ジョーズ』そして『E.T.』『未知との遭遇』では宇宙への興味を抱かせてくれました。名優でありながら名監督と言える人ならクリント・イーストウッドの右に出る監督はいないのではないでしょうか。『グラン・トリノ』『運び屋』『硫黄島からの手紙』などでは究極の人間像を見せつけられました。

映画鑑賞もジャンルを問わず、本数が積み重なってくると映画から監督のメッセージが伝わってくるようになります。一本観終わる頃には、この映画監督が観客に伝えたかったのはこのことか、と分かるようになります。私は映画で大事なのは監督で、次に俳優であると考えていました。ですが、映画好きのタクシー運転手の車に乗った時に、「脚本家も大事ですよ」と教えられ、その通りだと感じ入ったことが今では懐かしく思い出されます。

◎アカデミー賞を予想する

映画を鑑賞する楽しみ方の自分自身の究極は、アカデミー賞の作品賞を予想し的中させることです。本場アメリカのアカデミー賞は日本で上映される前だから、なかなか予想するのは困難ですが、日本アカデミー賞なら幅広く数多く作品を観ています。ノミネートされた作品や俳優の中から、最優秀作品賞、最優秀主演男優賞や女優賞などを予想し、的中させることは、さほど難しいことではないと思います。監督や脚本によって作品性が炙り出されて来るので、段々自分にも映画の作品性が見えてくるから不思議です。まるで自分が映画評論家になったような気分になることもしばしばです。

◎映画の次はダンシング

映画鑑賞が「静」なら、ライブハウスでのダンシングは「動」です。実はダンシングにハマるきっかけから実践までには、かなりの時間が必要でした。ほとんどの人がそうであるように私も音楽が好きでした。音楽に関しては、映画のように何でもかんでもというわけではありません。歌謡曲、ポピュラー、ジャズなどを好みます。激しいところでは、ロックやディスコサウンドも好みに入ります。私が青年の頃はザ・ビートルズが全盛でした。日本でも短期的ではありましたが、グループサウンズが一世を風靡しました。まさにビートルズやベンチャーズ、ローリング・ストーンズの影響を受けた日本の若者たちが次々とバンドを編成し、一九六七年から六九年にかけて大流行しました。お気に入りはブルー・コメッツ、ヴィレッジ・シンガーズ、ザ・スパイダース、ザ・タイガース、ザ・テンプターズ、ザ・ワイルドワンズなどでした。

これらがベースとなり、ついにはライブハウスに足を運ぶことになります。第一の職場で新人の頃、誘われて新宿のライブハウスに行きました。ライブハウスの雰囲気は全く初めてだったので決して居心地の良いものではありませんでした。ただ聴いたことのある音楽がライブ演奏されているのが唯一気に入った点でした。

それから三十年近く経ってからです。自らライブハウスに足を運ぶことになります。第一の職場ではほとんど三大都市圏で働きました。地方都市では徳島、金沢となります。いずれも家族帯同でした。そしてあと一つの地方都市が仙台だったのです。初の単身赴任地が仙台でした。単身赴任者の夜は長い。相変わらず資格試験勉強などはしていましたが、生活に潤いがありません。そこで生活を楽しむ方法を見出す必要がありました。さまざま調べ考えた挙句、二つの隠れ家を見付けました。隠れ家という限りは、昼間の会社関係の社員たちに会わない必要がありました。一つは会員制ラウンジ。もう一つがライブハウスというわけです。いずれも仙台市随一の繁華街である国分町《こくぶんちょう》エリアにありました。一人だけの時には軽くパブラウンジで食事を済ませ、ライブハウスに足を運びます。知人とラウンジで食事した後、解散後に一人でライブハウスに行くことがほとんどでした。

前置きが長くなりました。ライブハウスも二度三度と足を運ぶにつれ、レギュラーバンドのメンバーや店長はじめ、ホールスタッフの人たちとも挨拶、会話を重ねると居心地の良いスペースとなりました。

このライブハウスのコンセプトはアメリカンポップス。しかもオールディーズです。具体的には50・60（フィフティ・シクスティ）と言って、一九五〇年代、一九六〇年代に流行したアメリカンポップスを主体にライブ演奏してくれます。代表的なのはチャック・ベリーやコニー・フランシス、エルヴィス・プレスリーなどです。ダンスの中心はツイストになります。ツイストダンスは当然知っていました。ただ自信がありません。当然です。ダンスなどしたことがありませんでしたから。

当時、ライブ演奏のステージは六回ありました。1ステージが三十五分、そして休憩タイムも三十五分。つまり七十分刻みでステージが進んで行きます。レギュラーバンドは、ギター、ベース、キーボード、ドラム、そして男性ボーカル、女性ボーカルとなります。ライブ演奏を聴くだけでも楽しいのですが、何か足りない感じがしてきます。それがダンシングという訳です。演奏中に男性ボーカル、女性ボーカルが歌いながら曲に合わせてダンスをしてくれます。ステージと客席の間は基本的にはフードやドリンクがスタッフによってサーブされるスペースとなりますが、演奏中踊りたい人は踊っていいスペースとなります。段々と場の雰囲気にも馴染んでくるとそのスペースでダンシングしてみたいという衝動に駆られます。最初は恐る恐る、そのスペースに進みます。男性ボーカルと女性ボーカルのダンシングに合わせて見様見真似。これが五回十回と場数を踏むようになります。

このライブハウスの料金システムは良心的で、ウィスキーなどのボトルキープ後はその日のミュージック・フィーの他にはフードとアイス、ミネラルウォーターの実費で1ステージからラストの6ステージまで滞在することができます。私は体力も自信があったので、1ステージから6ステージまで居座り、曲が演奏されている間は全曲ダンシングするようになります。そのうちに、全ステージ全曲、全てダンシングしているミドルシニアとしてレギュラーバンドや店内スタッフ、そして常連客からも一目置かれる存在となっています。そのうち、私がダンシングしている周囲に、ダンス初心者のようなお客さんたちも集まるようになってきます。

ライブハウスの楽しい点はお気に入りの音楽に触れ、レギュラーバンドや顔馴染みのスタッフや常連客たちと顔を合わせ、挨拶や会話をしたりして交流すること。日常の喧騒から離れて、非日常の時間と空間を楽しむことに尽きます。日頃、なかなか頑固で真面目なサラリーマンがライブハウスでは人が変わったようにダンシングしまくっている。この意外性も生活を楽しむことにつながっているように思うのです。

第四章　人生を楽しむ

◎人生は「人・本・旅」

ライフネット生命保険の創業者で、現在は立命館アジア太平洋大学長となり、二〇二三年十二月に退官された出口治明氏によると人生は「人・本・旅」ということです。それは私としても共感する部分です。

私は初の出版を目指しながらも、本の虫でもなければ読書の鬼でもありません。どちらかといえば、フィジカル得意派なので、出口氏の表現を借りれば人生は「人・旅・健康」。あるいは「人・旅・スポーツ」ということになるでしょうか。

出口氏は読書家で見識も教養も深いので、「人・本・旅」に集約したのでしょう。私は生まれ育ち、現在に至るまですこぶる健康でしたし、現在も健康です。もちろん、何十年も生きてきたのだから、不調な時もありました。しかしながら大病の経験もなく医師による決定的なシグナルも受けてきませんでした。

私は時折、漠然と思います。信長の時代は人生五十年。昭和、平成と時代の流れと共に、いつしか人生八十年と言われてきました。それがリンダ・グラットンの「ライフシフト」により「人生百年時代」が到来したのです。ひとりの人間にとって百年の人生は長いようで短いでしょう。

ひとりの人間が出会う「人」の数なんてたかが知れています。より豊かで意義ある人生を送るために「本」や「旅」は欠かせないと出口治明氏は位置付けています。

本には多くの人生や生き様や人の営みなどが満ち満ちています。エッセイならエッセイなりの、小説なら、さらにたくさんの、人の人生や生き様などを垣間見ることができるでしょう。推理や想像の世界に没入することもできるでしょう。

旅はどうでしょう。旅行会社が企画する旅行でもいいのでしょうが、私はひとり旅も結構楽しみます。おおむね二つあって、一つは行き先を綿密に計画し、その通りに動きます。もう一つは行き先だけを決めてその時々の天候や気分などによって自由に動き回る。私はいずれも実践しています。前者は計画してスケジューリングしている時が最も楽しいし、後者は行き当たりばったりの偶然性を楽しめます。

昔の文芸作家や小説家たちが都会の喧騒から離れ、ひなびた温泉地の定宿に長く逗留し原稿用紙に向かうシーンがドラマなどで描写されます。彼らはきっと非日常の中に身を落とし、頭の中や心を空っぽにして思索に耽ったり、シナリオを思い描いたりしているのでしょう。

せっかくの百年人生なら単に自分ひとりの短い経験だけではもったいない。どうせなら二人分、三人分、いえ十人分の人生を全うしてみたい。出口治明氏は、その多くの役割を本や旅に求めてみてはどうか？　と問いかけているように思います。本はノンフィクションにしてもフィクションにしても、生きる意味やヒントが満載されています。旅は日常から離れ、非日常を味わう大きな手段です。旅を通じて人は多くのことを学びます。特にひとり旅や海外旅行へ行くと自分という小さな存在に気付かされ、それは悩みや疑問を解決する緒《いとぐち》になり得ます。

◎本や旅に代わるもの

人生を本や旅だけに求めるのももったいない。少々ひねくれ者で貪欲な私は、自分なりに考えてみました。すると自分の小さな経験や、狭い見識からでも、いくつか思い浮かびました。それは、映画と観劇（演劇）です。

映画については第三章の「生活を楽しむ」で記述の通りです。映画を年間百本、あるいは、毎日一本観ると人生が変わります。スクリーンを通して、たくさんの人生を垣間見ることができるのです。最も映画を観ていた時には、シニア割引を利用して一本千円で観ていました）。年間二百本を観ても二十万円程度です。二十万円で数多くの国内旅行や海外旅行に行けるというわけです。

映画と同様、観劇も素晴らしい。私には学生時代に巡り会った女性の友人がいます。彼女の趣味の一つが観劇でした。古くは劇団四季、現在は歌舞伎やタカラヅカの舞台を観ています。劇団四季もタカラヅカも、彼女のナビで劇場に足を運びました。金融経済などの分野では私の方が情報に長けていますが、ひとたび演劇やドラマになると、彼女の方が一枚も二枚も上手《うわて》です。観方やポイントをよく教えてもらっています。

舞台は映画のように編集がなく、常にリアルタイムで本番です。演者たちも真剣そのもの。そういう点にも観劇の素晴らしさがあります。

私は歌を聴くのも好きなので、演歌歌手たちの二部構成の公演に足を運びます。一部で芝居をして、休憩を挟んで二部は歌謡ショーとなります。東京なら明治座、大阪なら新歌舞伎座によく通います。例えば五木ひろし、川中美幸、石川さゆり、坂本冬美、水森かおり、神野美伽、吉幾三、中村雅俊、コロッケなど。コロッケならもちろんモノマネというわけです。第一線で活躍している歌手たちはいずれも芸達者です。やはり第一線を生き残ってきた天性の素質やセンスが垣間見えます。最も秀逸なのは五木ひろし、舞台も器用にこなすし、歌謡ショーでは抜群の歌唱力に加えて多くの楽器演奏を披露します。デビュー前からギター、ピアノは弾けましたが、売れっ子になってからも、フルート、サックス、チェロ、バイオリン、三味線、琴、しの笛など二十種類もの楽器を演奏します。もちろん、すべてを披露する時間はありませんが、どれもこれも見事な腕前です。実年齢では私の方が少し後輩なので、明日から私も頑張ろうという気分にさせてくれます。

一方、タカラヅカも素晴らしい。まだひとりだけで宝塚劇場に足を運んだことはありません。先述した旧友に連れられて何度か観劇しました。何よりトップスターたちの華麗なダンスや歌唱、台詞に釘付けになります。特に男役のトップスターはオーラが輝いています。まさに男装の麗人です。観客を見回すと、やはり女性客が八割を占めるでしょうか。しかしながら、ひとりで観劇している男性客もいます。祖母、母、娘の三代で連れ立って来ているタカラヅカファンも珍しくありません。芝居や歌唱も良いのですが、やはり圧巻なのは豪華なフィナーレ。華やかな衣装とダンスや身のこなし、ただただ目を見張るばかりです。

◎スポーツを楽しむ

出口治明氏が人生は「人・本・旅」なら、私は「人・旅・スポーツ」と定義しましょう。私の家は典型的な中流家庭、裕福な家庭ではありませんでした。しかし、丈夫な肉体と健全な心を育ててくれた両親に感謝しています。とりわけ身体は健康そのもの。幼い頃からこの健康な身体を活かして運動をすることが好きでした。水に入ることはあまり得意ではありませんが、陸上、室内での運動は得意です。小学校では一年生から六年生まで徒競走はすべて一位。おまけにリレー選手でした。小学生の体力テストで五十メートル走、走り幅跳び、ソフトボール遠投、鉄棒懸垂回数で上級に選ばれました。確か上級、中級、初級のバッチがもらえました。学年で三人くらいしか上級レベルはいなかったと記憶しています。

運動部、体育会系の部活動などで、これまでハマったスポーツを順に挙げてみると、デボ野球（ゴムまりを拳で打ち上げる）、ドッジボール、ソフトボール、ポートボール、卓球、野球、バスケットボール、ハンドボール、ラグビー、合気道（大学で二段）、ボウリング、テニス、ゴルフなどとなります。大学生時代には受験仲間から教わったアーチェリーにもハマりました。モントリオールオリンピックで、銀メダルを取った選手はクラブの同期生でした。

スポーツの語源は、日々の生活から離れること、気晴らしをする、休養する、楽しむ、遊ぶなどの意味があります。ほとんどすべてのスポーツは身体を動かして運動することにあります。人は身体を動かして、非日常を味わうと楽しくなります。そして喜びを感じます。

自ら身体を動かさずともスポーツを楽しむ方法があります。それはスポーツ観戦で誰でもできることです。今や日本人の誇りとなった大谷翔平選手がホームランを打ったり、パリオリンピックで阿部一二三選手が妹の詩《うた》選手の無念を晴らして、オリンピック二連覇を飾ったことに感動を覚え、拍手を送り、涙を流す。他者のスポーツ人生なのに、平凡な一般人がともに楽しめるのもスポーツの素晴らしさでしょう。

マラソンや駅伝は、よく人生にたとえられます。高橋尚子選手がシドニーオリンピックで金メダルをとったり、大学箱根駅伝で腹痛や脚の故障で減速し、たすきがチームメートにつながらず、繰り上げスタートの屈辱を味わったりするチームに、テレビ観戦している私たちは自分の人生を重ね、涙し、応援します。成功と失敗の連続。まさに人生そのものです。

オリンピックで三連覇して国民的英雄になったとしても、必ず次に出現する選手に敗れます。人生に常勝はありません。オリンピック金メダリストでさえ引退を余儀なくされただの人となります。だからといって悲観することはありません。多くの金メダリストや英雄たちは後に続く人にそのバトンを引き継ぎます。自分の優れた技やノウハウを惜しみなく伝授します。

どうもスポーツのことに話が及ぶと私自身も熱くなるようです。人生論に話が展開しそうなので、本章の「人生を楽しむ」に立ち返りたいと思います。

◎音楽を楽しむ

第三章「生活を楽しむ」で述べた以外の音楽の楽しみ方は人それぞれです。ここでは三つ挙げたいと思います。

一つ目はカラオケです。カラオケは国民的な音楽の楽しみ方の代表です。私の学生時代からカラオケの原型があったかと思うのですが、カートリッジに何曲か歌のない音楽が録音されていて、別途マイクをセットして、歌詞カードまたはブックスタイルになった歌本で自分の歌いたい曲を選びます。このスタイルの時代が比較的長く続きました。その多くは夜のスナックで止まり木のように席に腰掛け熱唱します。多くのスナックを訪れる客はそのマナーを守ります。スナックの客が皆一様に拍手を送り、やがて自分の順番を心待ちにします。

学生時代に確か京都の飲食店の二階で歌って、他の客から拍手をもらったこと、徳島赴任時代のスナックでやはり他の客から拍手をもらったことは、今でも鮮明に覚えています。

家庭を持つとファミリーカラオケとなります。長男や次男は幼い頃に音楽教室に通っていたこともあり、上手に歌っていました。妻は一極集中ならぬ「一曲集中」で、『津軽海峡冬景色』ばかりを歌っていました。

二つ目はジャズ喫茶通いです。楽しみ方は大きく二つあって、数多くのジャズ喫茶を見つけ出すこと。自宅から近い都内や横浜、中華街、千葉などを調べては行ってみます。当然、自分の好みに合っているかどうかを評価し、合格点なら通うことになります。

次に旅先や出張先で夜のお酒の楽しみにしたり、昼間開店しているなら、コーヒーを飲みながらゆったりとした時間を楽しみます。札幌や博多で見つけたジャズ喫茶で、また行ってみたいと思う店もいくつかありました。ライブ演奏のあるジャズ喫茶では、まさに至福の時間が過ごせます。

三つめは楽器演奏です。私は、カラオケが大好きなのですが、楽器音痴です。小学生時代のハーモニカとリコーダー（当時はスペリオパイプと呼称）しか吹いたことがありません。突然ドラムを叩きたいと思い立つも、音符が読めません。六十の手習いで、ギターやピアノは厳しい。ドラムならできそうだ。スティックを持つ手とドラムを打つ足がややこしそうだけど、プロに習えば何とかなるだろうと考え、大手楽器店のドラムのプライベートレッスンに通い出し、三十二回続いています。今では月二回ペースで若い先生に楽しく教わっていて、来年の今頃にはこの楽器店全体のイベント発表会で演奏することが目標となりました。

更にもっと大きな目標を掲げています。長男は学生時代にバンドを編成していて、ベースが弾けます。次男は学生時代にアカペラサークルにいてボーカルが上手です。また、現在、ギターを習っています。私の大きな目標は孫たちを含めた家族バンドを編成して、人前でも演奏することのできるレベルまで向上させることです。二人の息子たちの孫は現在、一歳と〇歳。少なくとも七歳や十歳にならないとバンド演奏はできないでしょう。なので、私はそれまでずっと元気でドラムを叩き続けていなければなりません。まさにアンチエイジングへの挑戦となります。

第五章　勉強は裏切らない

◎サラリーマンの仕事と勉強

これまで第一の職場、第二の職場で多くのサラリーマン、ＯＬを見てきました。多くの人たちは仕事と余暇の切り換えでアップアップしていて、勉強しているといえる人たちは数えるほどしかいませんでした。もちろん、仕事に直結する学びはするでしょうし、しなければ仕事にならないことが多いでしょう。私が出会った人たちの中で、この人は本当によく勉強していると思える人は数少なかった。本当に勉強好きな人で会社から離れ、大学や大学院に行き直して、純粋に勉強する道を選んだ人はいます。ある人は大学教授になって成功を収めています。しかし、仕事をしながら、それでいて他方面の勉強を続けている人にはそれほど出会えませんでした。

◎サラリーマン生活と勉強の大きな違い

サラリーマン生活には、昇進、昇格、給与アップが付いて回ります。古く貴族社会でも武家社会でも基本は同じです。よほど、世襲制度がまかり通っていない限り理屈は同じです。一生懸命に天皇や政府や武家や将軍などに仕え、期待された成果を挙げた人は出世します。そして多くの場合、報酬もアップします。現代のサラリーマン生活も似たり寄ったり。営業なら売り上げアップに貢献した人、研究者なら新商品を開発した人、技術者なら新しい技術を生み出した人、内勤なら業務効率向上や顧客サービス向上に貢献した人たちが出世し、給与がアップします。

しかし、中間管理職のステージに入って来ると話が違ってくることもあります。

多くの場合、人事評価制度があり、公正公平な評価が行われるのが前提です。ところが、あるステージでは実力とリンクするかもしれませんが、その後では、力のある上司や役員の引きがあったりします。時に会社人事は裏切られることもあるのです。実力はあるのに押しが強過ぎて社内に敵が多い人は、出世を妨げられるケースもあります。運が作用することもあります。大胆にいえば出世レースに運は付き物です。

私も、出世に全く興味がなかったわけではありません。やはり課長や支社長に昇格したら嬉しいし、給与アップは家族の生活向上にも寄与します。だが、出世に固執して直属の上司からの評価ばかりを気にして、時に顧客を蔑《ないがし》ろにするようなことには同調できませんでした。

私は考えました。サラリーマンなのだから出世は軽視しない。しかしながら最重視もしない。私から見て、あの人は仕事ができて優秀だと思える人ほど出世はしていません。

一方、時代の流れに乗って役員にまで上《のぼ》り詰める人もいました。まさに運が味方した人もいます。それなら私は自ら信じる道を築こう。自分の信念を捻じ曲げてまで出世だけに固執することはやめよう。

そして与えられた仕事は精一杯やりながら、勉強もしようと思い立ちました。目標ができたらひたすら挑むのが私の方程式です。勉強するならやはり成果が欲しい。自己満足に終わらず、他者からも認められるもの。そのように誰もが考える資格試験にチャレンジしようと決意します。

私は国家資格や一級ライセンスを複数保有しています。主に文系専攻者が勉強する分野ですが、チャレンジし、ためになった資格を挙げ、私なりの考えも加えてみます。

宅地建物取引主任士。入社一年目に取得しました。当時は宅地建物取引主任者と呼称していました。略して宅建（たっけん）は、不動産資格の入口に位置付けられますが、とても勉強になるし役に立ちます。不動産に関わる民法が中心なのですが、世の中の仕組みが垣間見えてきます。法令上の制限という分野では、建物の高さ制限、建蔽率、容積率などを学びます。新築建物の現場の掲示板に必ず記載されているので興味を持って見ることができます。

行政書士。宅建と並行して学びました。当時は都道府県単位の試験で、現在の国家資格よりは比較的取得しやすかった。官公署への届出などの書類作成を代行する権威のある資格です。

消費生活アドバイザー。これは大変勉強になりました。消費者の目線で世の中の生活を俯瞰できるし、消費者と事業者の両サイドにも立てるし、コンサルティングも可能です。当時の試験の分野は十一分野もありました。客観テストの一次試験に合格したら、論文形式の二次試験がありえます。二つの問題を消費者、事業者の両サイドの視点から問題解決や提案を行います。それぞれ八百字という長文の作成能力も問われます。女性の受験者が目立ちました。

銀行業務検定試験。文字通り銀行員が主な受験対象者ですが、生保、損保、証券などの隣接金融機関に所属する社員にも受験者は目立ちます。法務三級、財務三級、金融経済三級、税務三級、証券三級、外国為替三級、年金アドバイザー三級、相続アドバイザー三級、融資管理三級、投資信託三級などの基本的な各種試験にチャレンジ、合格すると、かなり金融経済証券分野に強くなります。最上級の二級試験にもいくつかチャレンジし合格しました。下手な銀行員には負けない自信があります。

一級ＦＰ技能士。これは国家資格です。三級ＦＰ技能士は高校生も受験しています。国家資格ですが比較的平易です。やや歯応えがあるのは二級からです。ほかに民間資格でＡＦＰ、ＣＦＰがあります。最上級のＣＦＰは国際認定資格です。六分野あって、いずれも難しい試験です。ＣＦＰ合格まで、かなりの年月を費やしてしまいました。

一級ＤＣプランナー。これも難関試験で合格するまで数年を要しました。二級ＤＣプランナーはしっかり準備すれば合格できます。ほかにＤＣアドバイザーという他の民間団体資格にも合格しています。ＤＣとは確定拠出年金制度の呼称です。マイナーですが、現代の旬の資格です。

ＦＰとＤＣの一級。そしてＣＦＰとＤＣアドバイザーの四つのライセンス取得は金融年金分野のコンサルティングの最高峰資格となります。一発合格はなかなか大変ですが、コツコツと積み上げていけばいつか到達できると思います。

秘書検定二級。本社総務部員だった時に受付の派遣社員の指導的立場でもあったため、仕事の一環として受験しました。二級よりも上級にチャレンジしたかったのですが、社内異動もあり、そのままになってしまいました。しかし勉強になりました。

ビジネス実務法務検定二級。これも大変勉強になりました。実社会でも役立つ法律分野のビジネス実務能力が身に付きます。三級はしっかりとテキストや問題集に取り組めば合格できます。

私は宅建や消費生活アドバイザー、銀行能力検定試験でも法務を学習してベースができていたので、ビジネス面の知識を強化すれば合格できました。

メンタルヘルスマネジメント検定Ⅱ種。二級と置き換えられます。現代に働く人の精神状態を正常に保って職場を活性化する、うつ病などの心の不調を未然に防止する、そのために必要とされる基礎知識を得ることができます。またアドバイス、コンサルティングをするのにも役立ちます。自分自身の心の健康を保つことにも役立てられます。

食生活アドバイザー二級。三級と二級だけで一級が今のところありません。食は生活の基本ですが、栄養と健康や食品学、食中毒防止、衛生管理など幅広い食生活の知識が習得できます。個人的には魚料理も好みなので、魚食スペシャリストや日本さかな検定試験も受験、合格しています。食生活アドバイザー検定試験には受験対策講座を受講すれば、重要ポイントや試験の傾向と対策ができるので、一度に三級、二級を受験して、効率的にダブル合格することも可能です。

ハングル能力検定四級。亡き妻が韓流ドラマが大好きだったので、いつか韓国旅行へ行ったとき、私は流暢に韓国語を話して驚かせようという、邪《よこしま》な動機で学び始めました。英語とは違って語順が日本語と同じだし、漢字をベースにした単語も多いので、日本人には最も習得しやすい外国語だと思います。結果的には、妻よりも私の方がハマってしまいました。最初の関門は記号のようなハングル文字です。生理的に拒否感がなければ、学べば学ぶほど分かってくるし楽しくなります。ハングル能力検定試験は五級に合格すると、次に四級、三級と進みます。私は四級に合格したので中級レベルに入ったところですが、日常会話なら英会話よりも上手かもしれません。

余談ですが、妻が闘病生活に入ってからは私の極秘ハングル学習もバレてしまいました。妻が好みだった韓流ドラマを字幕なしで自由に観ることができるまで地道に学んでいこうと考えています。

環境社会検定（ｅｃｏ検定）。二〇〇六年に始まった第一回環境社会検定試験の合格者です。総務業務を担当している時に会社全体としても環境問題に取り組んでいたので、自ら学んで取得しました。３Ｓ（スリーエス）や気象学の基礎も学べて大変勉強になりました。

◎資格マニアとライセンスゲッター

私は振り返れば八十種類の資格、ライセンスを保有することになりました。

「あなたは資格マニアですね」と、よく言われますが、私はこの表現を極端に嫌います。世の中の資格マニアとは、やさしい、やさし過ぎる資格を保有して、数を誇る人のことを指すと考えています。

私は仕事上、必要に迫られたり、先見的に金融経済証券分野に強くなるために範囲を広げていき、専門知識はより深めるように難関の国家資格や一級レベルにチャレンジしてきました。「Ｔの字」から「πの字」、百足《むかで》のように数多くの分野を拡張し、専門分野は深めてきました。そのことによって普通の金融マンには負けないという自負、自分自身にも自信を持つことができ、自己肯定感がかなり高まりました。社会への関心が広がり、さまざまな分野の人とも交流し、その道のプロフェッショナルの人たちが言っていることも理解できるし、何より直接質問をぶつけることができるようになりました。

資格マニアは数を追い、資格取得することを目的にします。私は強いて言うなら、ライセンスゲッターあるいはライセンスハンターです。資格取得は単に通行手形でしかありません。資格取得が目的ではなく、単に一里塚であって、その先に進まなければ意味がありません。

◎資格取得は「やる気」の証明

会社でも資格取得を奨励することがあります。その多くの狙いは本来業務に寄与するかどうかというポイントです。会社としても本来業務に直結する資格を社員が取得すれば、その分だけ専門人材が増え人材育成にも寄与します。成功報酬として資格取得手当が一時金で供与されたり、毎月の給与にオンしたりします。まさに人参をぶら下げて資格取得の応援をします。私は、それはそれでいいだろうと思いますが、会社が奨励している資格にチャレンジしている社員にも「やる気」の証明として一定評価してあげるべきだと考えます。

◎仕事は時に裏切るが勉強は裏切らない

サラリーマンには昇進、昇格、給与増減が付き物です。出世ばかりを気にするサラリーマンも多いでしょう。しかしながら仕事には運や巡り合わせもあって、時に裏切られることがあります。

第一の職場でも第二の職場でも数多く見聞きしてきています。

次のような側面があると考えました。仕事はサラリーマンである以上、職務遂行に応じてその対価つまり給与や報酬にリンクします。しかしながら勉強には対価がありません。前述したように会社が推奨した資格を取得した場合に資格手当が出たりしますが、これは対価というよりもご褒美《ほうび》でしかありません。究極をいえば、会社は社員に対して勉強よりも仕事の成果を求めます。仕事のパフォーマンスに対して給与や報酬を供与するのであって、勉強をいくら積み上げてもそれに対する対価は多くの場合供与しません。

その意味でも仕事は時に裏切ることがあります。しかし、私の考えでは勉強は決して裏切らないと考えます。資格取得だけでなく、セミナーや講演会に足を運び、その道の専門家や成功者の話を傾聴することも立派な勉強です。

仕事には期限があり、終わりもありますが、勉強することには終わりもなければ期限もありません。

第四章で何度も述べたように出口治明氏は、「人生は人・本・旅である」と表現しています。本とは即ち勉強だと思います。本を読めば読むほど知識や教養が広がり深まります。ゴールがないのです。

以上のように「勉強は裏切らない」と私は確信して、第一の職場、第二の職場を引退してからも勉強することを欠かしません。

第六章　お金持ちより友持ち

◎サラリーマン生活は即ちライフプラン

一般的なサラリーマンは、小学校、中学校、高校、大学の十六年の教育期間を経て実社会に旅立ちます。そしてしばらく独身時代を経てやがて家庭を持ちます。夫婦の希望で子どもを授かると、平和な家庭を築くためにも否が応でも預貯金をしたり資産形成を図ろうとします。私はＦＰ（ファイナンシャルプランナー）でもあるので、人生の三大資金について語ることになります。平均的には三十歳から四十歳代が人生の三大資金を考える年齢層となります。即ち教育資金、住宅資金、老後資金の三つです。働き盛りのこの時代が最もお金について悩まされる時期となります。

あれほどオシャレや買い物や旅行でエンジョイしていた女性が、妻となりママとなれば、多くの場合、自分の子どもにも良い教育を施そうと躍起になります。ママ友との井戸端会議のメインテーマは子どもの教育です。幼稚園、小学校からお受験を真剣に考えるママもいるでしょう。見栄を張る面もあるかもしれませんが、多くの場合、自分の子どもに苦労させずに良い教育を施し、有名大学、有名企業へのレールを敷いてあげたいという親心、母心がそうさせるのだと思います。その意味で教育資金は大きく生活にのし掛かってきます。子どもがいれば最優先課題となります。

次に住宅資金となります。夫婦のライフスタイルの考え方は各家庭によって異なります。マイホームをすぐにでも持とうとするか、しばらくは賃貸しマンションに住みながら住宅資金の頭金を作るのか各家庭の考え方次第です。

子どもが自立するとようやく切迫してくるのが老後資金となります。人生百年時代が現実のものとなり金融庁が老後には二千万円が必要になると喧伝《けんでん》すると、一気に老後資金をメインとした資金形成の重要性が叫ばれてきます。

◎サラリーマンはお金持ちを目指す

一般的に預貯金を増やしたり、お金持ちになりたいなら大きく三つの方法しかありません。一つ目は収入を増やす。二つ目は支出を減らす。三つ目は資産運用して増やす。この三つの方法です。

一つ目の「収入を増やす」に着目すると就職時に高い給与や賞与を出す企業を探します。一旦就職すると社内で昇給するように仕事に励もうとします。人によっては高収入の機会を求めて転職を目指します。二つ目の「支出を減らす」というのは、現実の生活を見直し、点検して、固定費を削減するなどして節減を図ります。三つ目の「資産運用」については各家庭に大きく乖離が生じます。日本人の金融リテラシーは欧米人のそれに比して劣後します。私たちの世代の祖父母の時代には預貯金神話がありました。金利が七％の時代がありました。銀行定期貯金や郵便定額貯金に十年預けっ放しにしていると複利効果で預けた金額が二倍となりました。百万円預けておいて十年後には二百万円になったというわけです。低金利の令和の時代には考えられないことです。三つの方法を駆使し工夫してお金持ちを目指そうとします。

◎楽になるのは子どもが自立してから

サラリーマン家庭で子どもが大学を卒業して自立すると、グーンと家計が楽になってきます。一般的には五十代にそのステージがやってきます。多くの場合、教育資金、住宅ローン返済を含めた住宅資金の問題は片付き、最後に夫婦二人の老後資金の問題だけが残ります。先述した通り、多くの企業は六十歳定年制が残っていて、再雇用であと五年間一企業もしくは関連企業で就労が可能です。確定給付型の退職金制度を採用している企業なら六十歳で一旦退職金を手にします。

子どもの大学卒業が父であるサラリーマンの何歳の時なのかによっても違ってきますが、多くの場合、子どもが自立した五十歳代が老後資金や余裕資金を貯めたり増やしたりするサラリーマン生活ラストの時期となります。

◎定年を迎えるとただの人

サラリーマンが定年を迎えるとただの人になります。運が良ければ関連会社の役員に招聘されて報酬を得る人もいます。しかしながら、多くのサラリーマンは六十歳や六十五歳の区切りを経たら、ただの人になります。

私の父や義父は仕事を離れると健康上の問題もあり、思いの外、長寿の道が歩めませんでした。しかしながら、私たちの世代を含め人生百年時代を迎えると長い長い間、ただの人で居続けなければならなくなります。

◎ただの人に必要なのは「お金」か「友」か？

ただの人と揶揄した表現をしましたが、定年後は思いのほか、長いと覚悟しなければなりません。人は食べなければ生きていけません。そのためにお金が必要となります。老後資金二千万円問題が再び浮上してきます。最近では円安による輸入物価高、社会保険料の引き上げや増税懸念により、老後資金四千万円と提唱する専門家も現れてきました。そのような報道や解説に触れるとますます焦ったり失望する人たちが増えてきます。

今後、公的年金の支給額が増えていくことは期待できないし、定年時に得た退職金も目減りしていく一方です。国民年金保険料さえ十分支払えなかった人たちの生活苦の模様がテレビで紹介されたりすると観ている方も悲痛に感じます。

一部の富裕層を除けば現役からの引退後の生活は極めてベーシックで質素な人たちが多いように見えます。たまに贅沢をしても日々の生活はシンプルにしようとしている人たちが多いように感じます。

◎定年後は「お金持ち」より「友持ち」

ありがたいことに、両親のＤＮＡのおかげで、この歳まで大病することはなく健康で不自由のない生活を日々過ごせています。ただ残念なことは、妻が家族を残して旅立ったことです。十年が経過して、子どもたちも自立したので私はひとりとなりました。孤独ですが、寂しくありません。なぜなら信頼し得る友がいるからだと私は考えています。

十分とはいえませんが、自分ひとりが生活していく上での「お金」はあります。当然ながら第三の職場はパートタイムなので、第一や第二の職場のような勤労収入は得られなくなりました。培ってきた専門能力を活かして資産運用もしていますが、「お金」は減っていくものと認識しています。

やや生ぬるく聞こえるかもしれませんが、私は「お金は減っても愛は増えていくもの」と考えています。

ここでの「愛」は恋愛というよりも家族愛や友愛と置き換えてもいいかもしれません。とりわけ「友」は家族同様、かけがえのないものだと思います。友の形態はさまざまです。

私なりの考えでは、この歳になってくるとその数ではなく中身。別の表現をすると関係性にあると考えています。しかも画一的ではなく異質な友が私には重要です。次に示す友は私の大事な友です。固有名詞も出せませんし、許可も得ていないため、私の片思いかもしれません。あるいは錯覚かもしれません。

◎私の大切な「友」たち

【大学部活の同期たち】

私は京都の大学で、体育会合気道部の一員でした。とりわけ男子の同期は十三人いて皆仲良し。卒業後は別々の道を歩みます。アメリカのミシガンに居住し、アメリカ人の妻、パイロットになったひとり息子と愛犬が家族の人がいます。士《サムライ》業で先生と呼ばれている人、家業を継ぎ発展成長させている人、公務員になり定年後には旅行を楽しむ人、民間企業に勤め出世した人、私のように未だに仕事に忙しい人などがいます。卒業以来、毎年一度は一泊旅行を続けています。コロナ禍の一年目だけ中止となりましたが、毎年続いています。部活の歴代の中でも最も結束の固い代として知れ渡っています。卒業後の若い頃には、テニスラケット持参で練習、試合をしたり、水遊びをしたりしていましたが、現在では温泉や大浴場が必須条件となっています。また日本各地に旅行しているので、ご当地グルメや地酒も楽しみます。個人的にお気に入りなのは現地のボランティアガイドに従って神社仏閣や名所旧跡を歩く旅です。知的好奇心が高まり満足度が大きいです。

彼ら同期と苦しく厳しい練習に耐え、ともに汗を流しました。そのほんの四年間のつながりだけなのに一生涯の友といえる存在です。残念なことが一つあるとすれば、同期会旅行の発起人ともいうべき友が突然の病で旅立ってしまったこと。偶然にも亡妻と同じ病だったので、この病を憎々しく思います。

この同期会旅行が長く続いている秘訣があります。それは盛り上がった旅行の解散時にあります。満足感、充実感を味わった後の別れは名残惜しさもあり、皆協力的になるようです。来年は誰が幹事をするのか？　これが立候補か互選で決まります。京都に大学があったこともあり、近畿、中部、中国、九州と西日本出身者が多いのですが、転勤族も何人かいるので、日本のあちこちに行きました。旅行先を決めるのは幹事の特権となります。後は旅行日程、あるいは候補日程を絞って解散します。

私は亡くなった発起人の友のサポートもありましたが、初代幹事で兵庫のグリンピア三木がスタートです。全国転勤していたので、その後の幹事では徳島、金沢、仙台で実施しました。徳島では旅行者向けの阿波踊りを観ました。百万石の金沢は名所旧跡を案内しました。仙台では東日本大震災の翌年だったので、大地震の爪痕《つめあと》を目の当たりにしました。

卒業以来、選んだ道は違っても見た目の体型が違っていても、会えばすぐ、友という関係性にテレポートするから不思議です。

【四十年来の女性の友だち】

現代ではちょっと考えられないような出会いがきっかけで、未だに友だちといえる女性です。不思議な出会いについては、一冊の本ができ上がりそうなので、ここでは触れないでおきます。私の勝手な思いですが、「シンユウ」です。親友であり心友、信友、深友と表現できるかと思います。更にいえば戦友でもあります。同性、異性を超えたかけがえのない友だちです。私に対して厳しいひと言が言えるのは亡妻とこの友だちだけです。四十年以上も友だちでいてくれることに感謝しかありません。私の長所や短所までよく知られてしまっているので、上手に誘導されることが多いです。

例えば三つ挙げておきます。一つ目は、携帯電話。ガラ型からスマホに切り替えたのは彼女の連続攻撃のおかげでした。私は最後まで抵抗しましたが、ついにスマホに切り替えました。そうしたら言われた通り、スマホの利便性に脱帽でした。二つ目はLINE利用です。元来、電子機器などが好きではなかったため他者への連絡はメールで十分だと考えていました。しかしながらLINEの方がスタンプや写真、動画なども簡便に送ることができるので今ではすっかりLINE愛好者となっています。三つ目はインスタグラムの利用です。私は先述したようにSNS嫌いでしたが、今ではすっかりインスタの投稿魔になってしまいました。これら三つのことからも彼女は私の弱点を認識したうえで、根気よくしかも上手に私のSNS嫌いを是正してくれた恩人でもあります。

【金沢の心の友】

全国転勤でしたが、金沢には二十年間も住所を置いていました。子どもたちが小学生、中学生でしたので、金沢は教育の地となりました。長男は高校、次男は大学院までを金沢で教育を受けました。私が金沢で勤務したのは三年間。その後は仙台や東京に単身赴任となります。単身赴任先からも月に一度は金沢の家族のもとへ帰っていきました。馴染みの喫茶店、カフェ、お好み焼き店、韓国料理店とともにカラオケ好きの私は行き付けのスナックが三店ほどありました。

金沢の心の友とは、その一つのスナックの経営者の妹さんでした。金沢の片町といえば仙台の国分町、徳島の秋田町のようないわゆる飲み屋街です。彼女たちは片町の美人姉妹としても有名でした。経営者のお姉さんは元アイドルで女優でしたが、副業として小さなスナックを姉妹で経営したというわけです。毎月のようにお店に通い、ほろ酔い気分になったところでマイクが差し出され、機嫌よく歌わせてもらいました。詳しい事情は分かりませんが、お店の名前が変わり、移転しても閉店するまで十年くらい通っていました。お姉さんは女優で活躍していたこともありオーラがありました。妹さんも美人でしたが、タレントではなく普通の人という感じで三人の子どもがいました。子育てという点では共通の話題があったのでよく話をしました。

彼女は女手一つで幼い三人の子どもたちに愛情をたっぷり注いで育てていました。私はその人から教わったフレーズがあります。「『ありがとう』と『ごめんなさい』は魔法の言葉である」。まさに一般的で常識的なフレーズですが、恐らく三人の子どもたちにもそのフレーズを教え育てていたのだろうと想像します。

【仙台で知り合った六本木のダンス仲間】

先述した通り、初めての単身赴任先は仙台でした。そこで、仕事、勉強と並んでライブハウスに通うことで生活のバランスをとっていました。ほとんどの場合、ひとりで通ってはすべてのライブステージ、すべての曲でダンスをしていた変わり者は、私ただ一人でした。別にバカ騒ぎをするでもなく、純粋にオールディーズナンバーを聴いて気分よくダンスするだけなのですが、どこか目立っていたのかもしれません。

そのダンス仲間となる女性は大抵仲の良い友人たちと来店していました。最初は挨拶程度だったのですが、何度か顔を合わせているうちに並んで一緒に楽しくダンスしたり、ステップを踏んだりしていました。

私が第一の職場でサラリーマン人生の集大成となる仕事を東京でしていた頃、彼女も東京に出て来ました。働きながらダンスレッスンを受けると言います。ベリーダンスやボリウッドダンスなので私の出る幕など全くありません。

仙台でダンスをしていた時にもそのセンスの良さは知っていましたが、東京に来てからもかなり熱心に打ち込んでいました。見る見るうちに上達し一年に数回行われる発表会でも先生、インストラクター以外では、最も上手なダンサーとなっていました。数年経過して、先生がコーチングスタッフとして期待していた頃に彼女から何度となく相談を受けました。

「迷っています。このまま恩ある先生について行くのがよいのか？　独立して、もっと自分のやりたい方向で自由にダンスを続けるのがよいのか？」

私は別にダンスの専門家でもないので、的確なアドバイスができたとは思っていません。徹底的に話を聴き、できるだけ彼女の考えや本音を訊き出し、少し背中を押すことができたかどうか、確かなことは分かりません。そんな問いかけが何度か繰り返されました。

私はコーチングの先生でもないのですが、結論は必ず彼女の中にあって、答えは必ず自分自身で見つけるはずだと信じていました。

そして今、彼女は自分が以前からやりたいと考えていた福祉施設へのダンスの慰問をする道を拓きました。コンセプトに賛同する人を募り、ダンス教室を開いて軌道に乗りつつあります。そのうえ、自らのダンスの技術向上にも意欲的で、さまざまなダンスや音楽を研究し追求し、ダンスの世界で活躍している人たちや音楽関係者たちとの交流を深めながらコラボレーションをした発表会やショーの開催もしています。

自らのダンス向上にも妥協せず、暇があればスタジオに出掛けてひとりで練習を繰り返しています。その姿勢にはリスペクトしかありません。

【私と食事やお茶をともにしてくれた友だち】

私がお酒を飲むのはライブハウスに行った時くらいでしょうか。夜は第三の職場となっている学生寮での仕事があるため、家ではほとんどお酒を飲みません。その反動なのか評判のレストランやカフェで過ごすことが楽しみとなっています。ほとんどの場合ひとりなのですが、時に美味しい食事をともにする人たちがいます。その場では、ほとんど私は聞き役に回るよう心掛けていますが、時にはスイッチが入って熱く語ってしまうこともしばしば。

でもあらゆることに関心を持ち、情報をキャッチしているので自分でいうのもおこがましいですが、つまらなくはないだろうと考えています。

◎友だちの増やし方

第六章は「お金持ちより友持ち」としました。お金は増やそうと努力すれば増えるでしょう。しかしながら、「友」は増やそうと思っても相手があることなので、どうなるものでもありません。自分という存在に磨きをかけ、努力を怠らず、しんどい時にも不満ばかりを口にせず、他者を信じリスペクトし、自分の中に何か与え得るものがあれば惜しみなく差し出し、相手に寄り添うことができてこそ「友」は得られるものと思います。

第七章　マルチタスクを楽しむ

◎マルチタスクって何？

この本を執筆する前には一生懸命、目次立てを考えました。何せ初の出版だから何をどう進めてよいやら呆然としました。目次作りから始めるとよいことを知り、一度は安堵したのですが、目次を作ることにかなりの時間を要しました。とにかく毎日、思いついたことを書き留め、目次立てしました。そして第七章を「マルチタスクを楽しむ」にしたのですが、初めの思いが何だったのか？　明確に思い出せないでいます。

そこで、よりシンプルにしてみようと考え直しました。先ずは辞書機能から始めてみます。

マルチタスクとは、一度に二つ以上の作業を同時並行、もしくは短期間に切り替えながら同時進行で行うこととされます。元々、コンピュータ用語で同時に複数の処理を実行するという「マルチタスキング」が語源となっています。

◎マルチタスクの成功者を考えてみた

私たちは自分の置かれた環境を軸に物事を考えがちです。時には自分の現状から離れて想像力を膨らませることも重要です。するといいました、いました。実在する有名人が。

メジャーリーグで大活躍している大谷翔平選手です。大谷選手といえば二刀流、即ち、ピッチャーとしてもバッターとしても本場アメリカのメジャーリーグで、そのいずれにも超一流との評価を欲しいままにしています。ホームラン王であるばかりか、MVPも獲得しているのです。

日本人の大好きな高校野球では、エースピッチャーで四番打者という選手が時折、活躍します。しかし、たとえ甲子園で優勝してプロ野球に進んでもその両方で活躍する人はほとんどいません。私の知る限りでは、ピッチャーの道を諦めて、バッターに転向する選手がほとんどです。

しかしながら唯一、大谷翔平選手ひとりだけが高校時代の夢や希望を叶える存在となりました。このことに関して、異論を唱える人は皆無でしょう。

アマチュアスポーツでも二刀流は難しいと思います。例えば陸上選手なら百メートルと二百メートルで優勝しても、その選手がマラソンでは優勝することは困難でしょう。空手では「組手《くみて》」で相手を倒しても、「形《かた》」では美しくないかもしれません。パリオリンピックで日本のフェンシングチームが大活躍しました。素人考えかもしれませんが、フルーレ、エペ、サーブルの三種目すべてで金メダルを獲得することはかなり難しいかと思います。

◎ビジネスでのマルチタスク

一般的なサラリーマンなら民間企業でも官庁でも役所でもオフィスでの仕事をするでしょう。「話を聞きながらメモを取る」「電話をしながらデータ入力する」「会議に参加しながら議事録を取る」などです。上記の三つの例は時間的にほとんど同時進行しながらの二つの作業をこなす例です。

時間の観点ではなく、企画やプロジェクトなどの課題やテーマを複数こなしていくことは、部署や人材によっては日常茶飯事ということもあるでしょう。

第一の職場では、兼務辞令というのがありました。本社確定拠出年金営業推進部と東北業務部との兼務職員でした。赴任地は仙台でした。人情として本社社員というよりも仙台にいたので、担当していた宮城県や岩手県の営業予算達成に尽力するというのもごく普通の考えです。同じ会社に属していない人から半ば冗談で「給与が二倍出ていいですね」などと言われますが、全く逆です。仕事が増えはしても給与がアップすることなど一切ありませんでした。

◎私のオリジナルなマルチタスクの考え方

プロしかもメジャーリーガーの二刀流と同じ次元で比較することはできませんが、私は二刀流に留まらず、多刀流を目指して行動しています。第三の職場では従来のフルタイム勤務からパートタイム勤務となりました。金曜日をオフにしているので、月曜日から木曜日までの四勤三休制で一週間が回っています。しかも勤務時間を夕方から夜間に片寄せしているので自由時間がたっぷりあります。語学や資格試験の勉強、ドラム演奏のためのレッスンや動画視聴、ウォーキング（まいにち一万歩と呼んで実践中）、新聞への投稿などを行っています。それぞれをピックアップしてみると、それら多刀流を毎日コンスタントにルーティンに組み込んで実践している人を私は知りません。ある時、日々のルーティンワークの項目と時間を書き出してみたところ、何と九時間にもなりました。第八章で述べる「ながら族」でもあるので、ダブっている時間を除いても少なくとも六時間にはなります。一つのことを六時間ルーティンワークする人は多く存在しますが、十項目もの異質なタスクを複数ルーティンワークとして毎日六時間続けている人はほとんどいないと思います。

ストレッチや筋トレ、縄跳びはサボろうと思えばいつでもサボれます。誰も見ていないところで誰もがやらないことを淡々と毎日する。こなす。言うのは簡単ですが、毎日続けることはそれほど簡単ではないはずです。そのことは自分自身が一番よく知っています。過去に挫折感はイヤというほど味わってきました。それらを乗り越えて来たからこそ、淡々としかも楽しみながら実践できています。人は楽しいことならするし、続けることでしょう。私は日々のルーティンをマルチタスクとして楽しんでいます。

◎トライアングルで物事を捉える

何事も一つや二つでなく、三つで物事を分析し統合する癖をつけるとバランスが良いと考えています。例えば私は日本人なので、日本語が話せます。現在留学生たちと接する仕事なので英語も少々話せます。韓国語も中級レベルの入口付近ですが、話せます。母国語を含め三つの言語が自由に話せる人のことをトリリンガルと言いますが、私はまだ発展途上なのでプチトリリンガルというわけです。

二人の子どもたちがまだ学校教育を受けていた頃、「仕事」「家庭」「自己磨き」のトリプルタスクのバランスをとっていました。サラリーマンである以上、与えられた仕事をするのは当たり前。休日や空いた時間があれば家事を分担したり、子どもたちと遊んだり話したりすることも必要でしょう。加えて私は自分磨きを大事にしてきました。語学や資格、特技の幅を広げたり趣味を楽しみ、人脈を広げようとしました。時には仕事に多くの時間を割かなくてはならないこともありましたが、振り返ってみて三つのバランスをとるよう修正しました。

知識、教養面では「語学」「金融経済証券」「読書」のトライアングルタスクでバランスをとりました。一時期にはCMのないラジオ放送局の英語、韓国語、イタリア語、スペイン語、中国語の講座、すべてのテキストを購入して聴講していました。金融経済証券の学習は本業に直結しているので専門知識を深めました。最も不足していたのは読書でしたが、多忙な中でも月に一冊の本は読みました。

音楽面では「歌う」「聴く」「楽器を演奏する」というトライアングルタスクがあるかと思います。私は大のカラオケ好きだし、一流歌手のコンサートへ行き、ジャズ喫茶巡りもします。ただこの二つのタスクだけではバランスが良くない。以前から楽器が演奏してみたいという欲求はありました。ですが、自慢じゃないけど楽譜が読めません。私はある時、閃きました。二人の息子のグランドチャイルドたちが十歳前後になれば、楽器の一つも演奏できるだろう。その時グランパとしても、何か楽器が弾けるとよいだろう。今更ピアノやギターで音階を覚えるのも面倒だ。そうか、そうか！　ドラムがあった。ドラムなら音階は関係なさそうだ。しかし右手、左手、右足、左足の動きがそれぞれ異なり、複雑なリズムを刻んでいる。これはレッスンを受講してみようと思い立ち、神田小川町にある大手楽器店のプライベートレッスンに通うようになりました。長男はベースが弾ける。次男は大学時代アカペラ部で歌が上手い。息子たちのパートナーも含めて、三家族でバンドを編成しよう。そう固く決意して、月二回のレッスンを楽しみながら受講しているところです。

「歌う」「聴く」「ドラムを叩く」。音楽でこのトライアングルタスクがバランス良くできれば、楽しいに決まっています。

少し風呂敷を広げると、私は健康オタクです。健康のためなら小さなセミナーにも参加するし、テレビの健康番組も視聴するし、SNSの記事からも貪欲に情報を得ようとしています。医師や専門家が言う通り、次のトライアングルタスクは健康を維持向上するために必要なことだと思います。それは「食事（栄養）」「運動」「睡眠」の三つのバランスです。これについては、識者によって意見や考えに微妙な差異があるにせよ、三つの要素が重要であることに異論を唱える人はほとんどいないでしょう。受け売りですが、人生百年時代では介護状態の一歩手前であるフレイルに陥らないようにすることが重要です。フレイル三大予防という考え方があります。即ち「栄養」「身体活動（運動）」「社会参加」です。老後に社会的孤立は回避しなければなりません。そのためには無理のない範囲で働いたり、余暇活動を充実させたり、ボランティアに参加したりする「社会参加」が大切だと言われています。

先述したように私は毎日韓国語を勉強しています。「聴く」「観る（読む）」「話す」というトライアングルタスクのバランスが大事だと考え、ラジオで韓国語放送や、韓国語講座を聴いています。また、テレビで韓流ドラマやハングル講座を観たりします。どうしても「話す」ことが不足するのですが、毎週韓国料理屋のランチに通い、ネイティブのママさんと韓国語で挨拶をしたり、学生寮の韓国人留学生と韓国語を話したり、教わったりしています。

　これまで具体事例で示した通り、何かに取り組んだり、考えたり、行動したりする時に三つのタスクに分析して、その三つのバランスをとるようにすれば、精神衛生上も身体的にも健康的にもご機嫌な自分でいられるように思います。

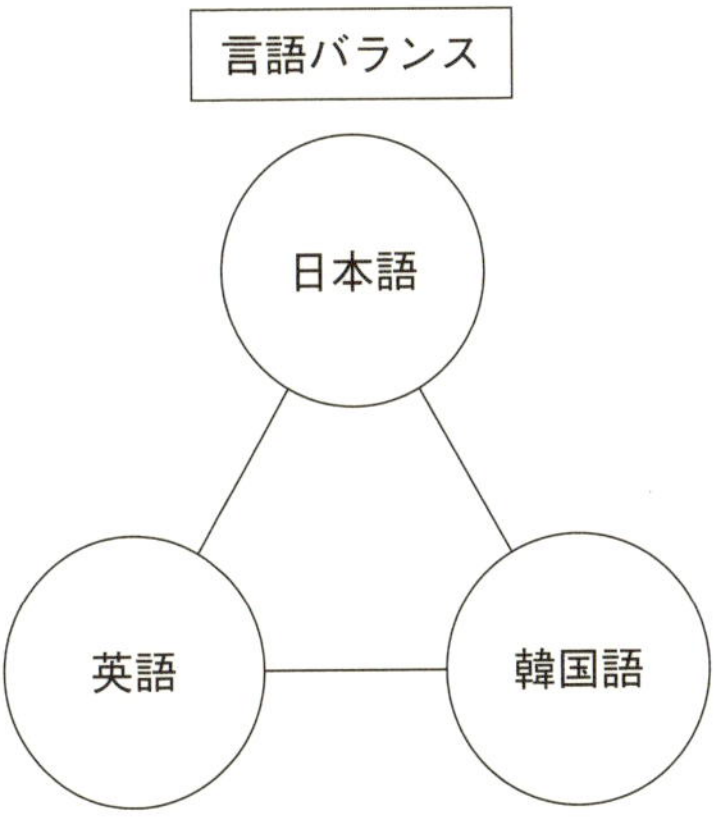

☞英語と韓国語も日常会話は話せます。

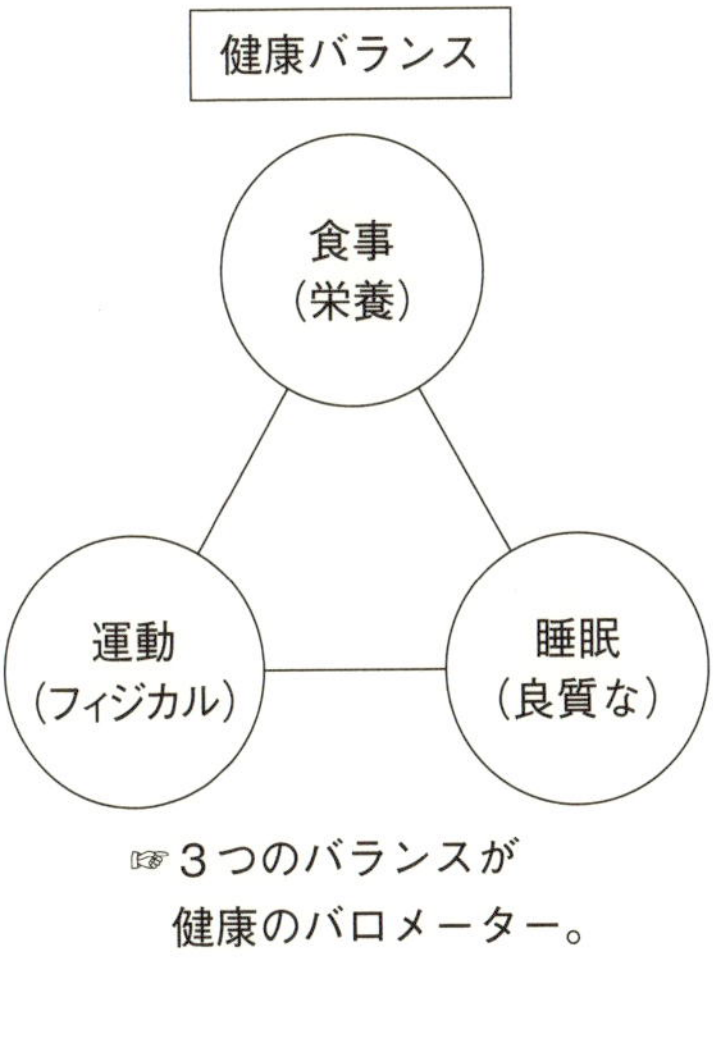

☞３つのバランスが健康のバロメーター。

生き甲斐バランス

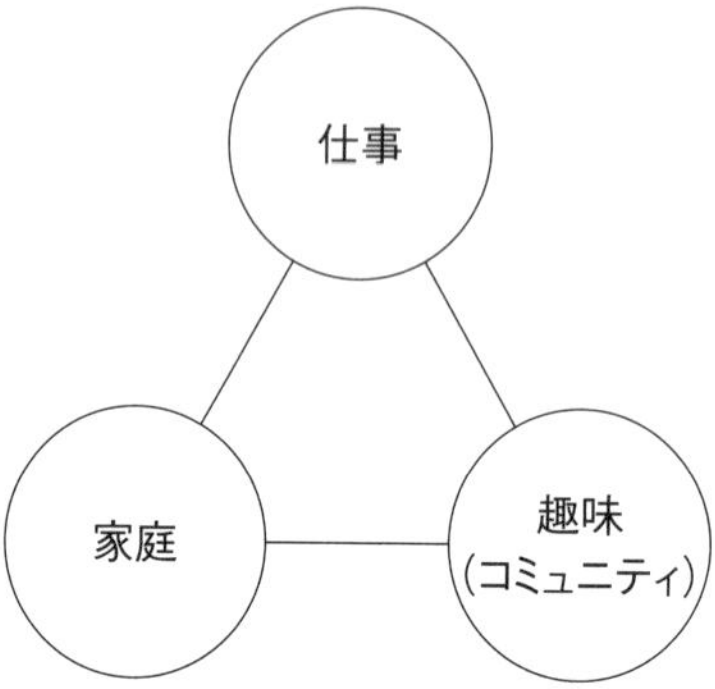

☞自分のポジション
（居場所）を複数持つ。

〈参考〉
大谷翔平選手は
実は三刀流

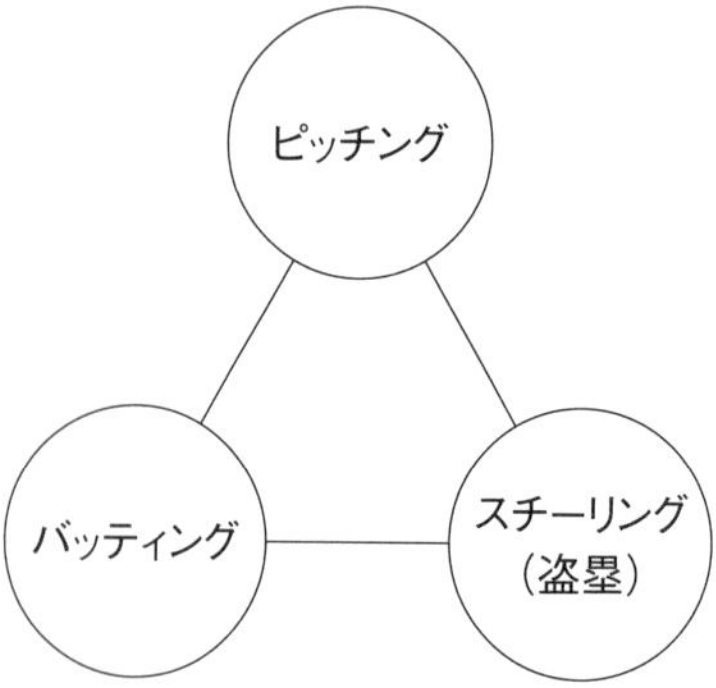

☞投手としても打者としても
ランナーとしても超一流。

音楽バランス

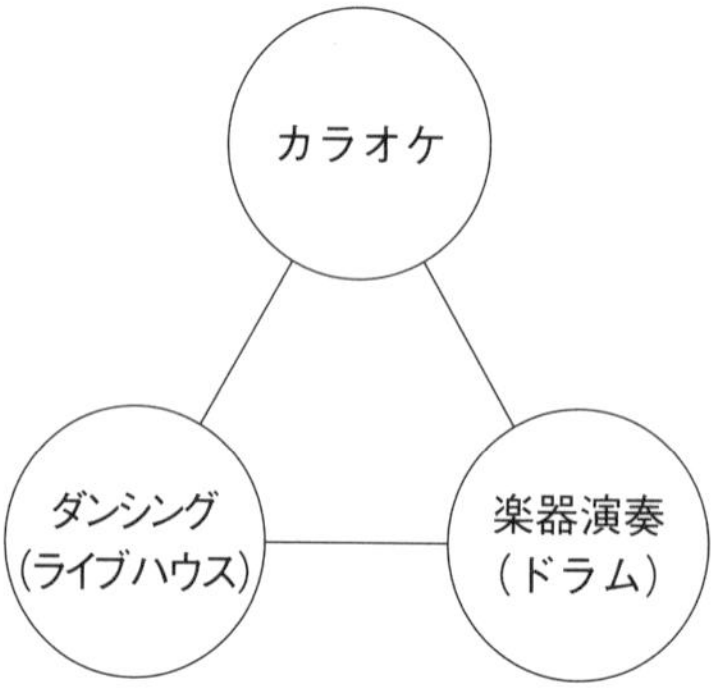

☞音楽も自分流の
楽しみを持つ。

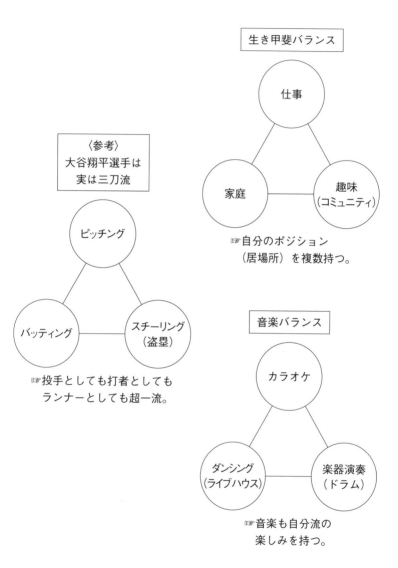

第八章　ながら族のススメ

◎リアルタイム実況ときっかけ

この原稿を認《したた》めている二〇二四年八月十六日はお盆の最終日です。五年ぶりと言っていいほど台風が関東に接近、東京近郊は午後に最接近するとのことでした。私はまいにち一万歩を歩いていますが、台風が到来するのは午後。裏返せば朝、午前はほとんど影響がない。私の発想は朝方に三十分自宅近くを歩こう、でした。経験的に十分で一千歩カウントされます。従って三十分歩いておけば三千歩を稼ぐことができるというわけです。これをするかしないかでは、一日の一万歩の達成具合が違ってくるのです。

私は昔からながら族です。第七章で述べた通りマルチタスクと関連があると自分では捉えています。ながら族の私はいつものように両耳イヤホンとスマホを携えて三十分歩きます。ＡＦＮ（英語のラジオ局）にセットして聞き流しながら歩きます。例えばニュースが流暢な英語で読まれていたとします。細部までは分からなくとも、大統領選の話題か、大谷翔平選手がホームランを打ったり盗塁をした話かは分かります。そして何よりネイティブのスピーディな英語を、聞き流しとはいえ聞いていると、ヒアリング力が少しずつ身に付いていくように感じます。

今朝の歩きながらの三十分英語聞き流しでは私は二つのことができたわけです。即ち三十分で三千歩と英語リスニングのデュアルタスクを行ったことになります。

私が、自分がながら族であると強く認識したのは大学受験勉強の頃でした。大阪にいましたがラジオの深夜番組を聴きながら夜更けまで勉強していました。『ヤンリク』（ABCヤングリクエスト）と『ヤンタン』（MBSヤングタウン）の二つの番組が双璧でした。私はちなみに『ヤンリク』派。しゃべくり中心の『ヤンタン』よりも歌謡曲と洋楽が交互に流されるところが好みでした。その頃に流行していた洋楽が時折りCMで流れることがありますが、受験勉強時代が懐かしく思い出されます。

午前三時から五時までは、文化放送の『走れ！歌謡曲』が楽しみでした。レモンちゃんこと落合恵子さんは初期のパーソナリティでした。何を勉強していたかはよく思い出せませんが、深夜ラジオ番組の特徴は明確に覚えています。

大学受験時代のながら族は、その後も磨きがかかりました。そしてフルタイム勤務からパートタイム勤務にシフトしてからは、得意な、ながら族のパターンがバラエティに富むようになりました。

◎現在のながら族実践例

先述したことと類似していますが、①スマホで音楽番組を聴きながら、まいにち一万歩を歩く。②スマホでテレビニュースの見逃し配信を視聴しながら事務作業やシンプルな勉強をする。③韓国語のラジオを聞きながら漢字検定の勉強をする。④英語のラジオを聞きながら手帳でスケジュールを確認する。⑤ジャズ喫茶でジャズをBGMにして本を読む。考えを整理する。物思いに耽《ふけ》る。

◎ながら族の効用

第一の職場、第二の職場のフルタイム時代もながら族でしたが、現在第三の職場ではパートタイム勤務となりましたので、かなり自由な時間が増えました。私にはルーティンワークというか、毎日必ずやっていることがあります。ある時それらの項目と所要時間を書き出してみました。分刻みで合算してみると何と九時間にもなりました。例えばストレッチと筋トレで十五分、まいにち一万歩に百分、韓国語放送ヒアリング三十分、英語放送ヒアリング三十分というように足し込むと九時間です。内容をよくチェックしてみると、二つの作業を同時にしていること（時間）がたくさん見つかりました。少なくとも一日に三時間は、ながら族でことを進めていることが分かりました。

恐らく、ながら族の私は一つひとつのことを一日に九時間も続けることはできないのではないか？　とよく自問自答します。同時に二つのことを並行してする術を身に付けたからこそ、多くのことを毎日淡々と続けられたのだろうと考えています。

第七章ではマルチタスクを楽しむことについて述べましたが、ながら族はそのままデュアルタスク、マルチタスクに直結するのではないか？　と自己分析しました。人は楽しいことなら続けることも苦ではないと思います。イヤなことや煩わしいことも楽しいと思えることと組み合わせれば、二つを同時並行的に継続することが可能かもしれません。

◎医学的な効用

私は、よくテレビの健康番組を視聴します。どちらかと言えば老年医学かもしれませんが、ある百歳長寿者の女性の生活ぶりを医師が見て、長寿の秘訣を要因分析していました。その内の一つに「デュアルタスク」を挙げていました。その医師によると複数の作業を同時に行うことは、脳の活性化につながり、認知症予防になると解説していました。

ちなみにその女性には編み物という趣味がありました。医師によると手を使うことは脳の血流が増える。編み物は「頭で考えながら」「手で作業」をしている。つまり、編み物は、ながら族であるばかりかデュアルタスクにもつながっているようです。加えてこの女性の入浴中での習慣――オリジナル体操を複数していると紹介されていました。①三十回足踏みする②三十回両手を上げ、止める③三十回手のグーパー運動をする④三十秒背筋を伸ばす。これらの体操を十年かけて自分のモノにしたとのことでした。

最後に食事習慣についても紹介がありました。品数の多さに驚きです。朝食九品目、昼食十品目、夕食十一品目だそうです。医師の分析によると多品目を食べると認知症のリスクを三～四割減らすことができるとのこと。

テレビ健康番組で紹介された女性百寿者が日々実践していること、ながら族、マルチタスクには、何やら共通点があるように思えてなりません。

第九章　生活信条を持とう

◎いよいよ最終章

十年来の夢だった本の出版も実現にかなり近付きました。この本を手に取って読み進んでいただいている方々は、どのような人たちでしょうか？　最初は中高年サラリーマンへの人生の応援歌として書いてみようとの思いが強かったのですが、第一部を終え、第二部も残り一章と進むにつれ、これからのサラリーマン、サラリーウーマンの参考になったら、嬉しいと思うようになりました。学生寮で現役の大学生や海外留学生たちと日々コミュニケーションをとっていることもありますので、そういった若い人たち、ありとあらゆる人たちの心に届けば、望外の喜びです。そのような意味を踏まえて、エピローグ・第九章の「生活信条を持とう」に目を通していただければと思います。

◎忘れ得ぬ言葉たち

「理解、記憶、訓練」――これはある大学受験予備校の校長の言葉です。受験勉強は誰もが遅かれ早かれ、経験することです。例えば中学校や高校の中間テストや期末テストなどのアチーブメント試験なら狭い試験範囲なので丸暗記が得意な人はかなり有利です。しかしながら大学受験ともなると膨大な試験範囲となります。いくら暗記が得意な人でも三年間の全カリキュラムを丸暗記することなど到底できません。従ってどうしてもどの科目も一つひとつ理解して、記憶してその上で繰り返し練習することが大事だというのです。これは確かにそうだと思い、未だに大事にしたいフレーズです。

「動機、情熱、忍耐」――これも大学受験時代なのですが、当時大学ラジオ講座の英語の先生が切々と語っていたので今でも鮮明に覚えています。勉強ばかりでなくクラブ活動も含めて何事にもチャレンジする目標があれば、きっかけ、動機があって始めたことには、情熱を注ぎ、次に来る挫折や失敗にも悄気《めげ》ず、忍耐することと教えてくれました。

「練習は本番のように、本番は練習のように」ロケット博士と呼ばれた糸川英夫氏の著書から得た、今でも大事にしている教訓であり、人生訓ともいえるでしょう。この名言を調べてみました。すると相撲道に前向きに取り組み続けた双葉山の言葉としても紹介がありました。双葉山は引退後、親方として、弟子の指導に当たった時に「稽古は本場所のごとく、本場所は稽古のごとく」と語ったそうです。練習では本番のつもりで緊張感を持って取り組み、逆に本番では緊張せずにリラックスして戦いなさいと諭したとのことです。このことは、私が通うドラムプライベートレッスンの先生にも共感を得ています。

「意欲、能力、人柄、健康」――第一の職場で求められた社員像です。これら四つがバランスよく最大限プラス拡大するようにとの会社から社員への願いでもありました。時代が変わり生損保業界にも再編の嵐が到来する頃には、実績が加わります。即ち、「意欲、能力、人柄、健康、実績」が求められる社員像となりました。この辺りから実績が大事だと誇張されることにもつながり、家族主義的な会社の雰囲気が実績至上主義のような様相を呈するようになったような気がします。

「ネアカ、伸び伸び、へこたれず」――私が南大阪の住吉支社に在籍した時の近畿本部長の言葉です。個人的にこの言葉に共感しました。どうしても仕事上不振な時もやって来て、気分も悄気《めげ》て落ち込むこともありましたが、この言葉を思い起こしてリセットするようにしました。

「熱意と誠意」――中部本部で経理を担当している時の中部本部長の言葉です。主に営業社員に向けての言葉のようでもありましたが、内勤社員にも通ずると思います。

「行動量、実績、評判」――第一の職場の終着駅近くでは、企業型確定拠出年金制度の推進担当者でした。いわゆる、専担者（センタンシャ）です。専門的な担当者という意味です。営業予算はもちろん、営業部門に直接配分されるものですが、専担者にもそれと同等の数字目標が課せられました。間接部門にも拘らず目標数字を追い求められるのは営業部門と何ら変わりありませんでした。

私が後にも先にも社長賞を続けて獲得したのはこの時期ですが、行動量も実績も営業支店長からの評判も良かったので最高の評価を得ました。

「行動量、実績、評判」というこの配属部長の評価基準は数値的なデータと人的なデータの両面が盛り込まれているので、公平で公正な評価基準であると妙に納得したものでした。

「執着心と集中力」――これは私が学生時代から今日まで大事にしてきたことで、名言というわけでもありません。ごく当たり前の言葉であり、概念なのですが、物事に取り組み一定の成果を得るために、自分自身を戒めてきた事柄です。

◎もがきながら掴んだスタンスや考え方

ここから先は、単に言葉やスローガンに留まらず、物事に取り組む姿勢だったり、考え方なので自分が大事にしてきたことをアトランダムに挙げていきます。

「たらいの水」――この故事、考え方に出合ってから私の行動パターンも大きく変わりました。二宮尊徳の有名な教えの一つに「たらいの水の原理」があります。水を張った「たらい」で自分の方に水を寄せようとすると、反って反対側に行ってしまう。逆に自分の反対側に水をやると自分の方に水は返ってきます。

このことを念頭に私はケチケチすることがなくなりました。旅行に行っても手土産はいくつも買って帰り、日頃お世話になっている人たちに手渡します。見返りは期待せず、逆にいただいた時には感謝の気持ちを表します。

「プラスのストローク」――これは第一の職場で、確か主任研修のような社員集合研修で学んだ考え方です。主に対人関係で相手に同意したり、共感した時のアクションです。例えば部下や後輩が良い仕事をしたり、営業成績を上げた時には一緒になって喜びます。そして、「素晴らしい」「よく頑張ったね」「おめでとう」など、相手にプラスの感情表現が届くようにオーバーアクションを時には加えたりします。要するに相手に共感し、リスペクトをして、それを言葉や態度やメッセージで直に伝えることです。

この「プラスのストローク」を応用して、自分に向けることもあります。難関試験に合格したり、毎日続けようとして自分で決めたことなのに途中で投げ出しそうになったとしても、自分を奮い立たせて続けることができた時に、自分自身に対して「よくやったぞ」「さすがだ」などと呟いたり、心の中で念じたりします。女子マラソンの有森裕子選手がバルセロナオリンピックで銀メダルを獲得し、続くアトランタオリンピックでは金メダルを期待されながら、重圧に押しつぶされそうになったり、ケガにも苦しんだそうです。そんな逆風にも拘らず、見事に銅メダルを獲得しました。その直後のインタビューで、「自分で自分のことを褒めてあげたい」と素直に答えました。この発言は、その年の流行語大賞にも選ばれました。たまに頑張った自分に「プラスのストローク」を与えて、自分にご褒美をあげることも大事なことかと思います。

「自己肯定感、意欲で継続力が決まる」――第三の職場は、大学学生寮の食堂の調理補助職で、仕事は主に食事の提供と戻された食器を食洗機、乾燥機を利用して洗浄し整理収納することです。普通なら淡々と与えられたその仕事をしていれば良いのですが、若い人たちと接するのが好きなことと、英会話の学習も兼ねて食事の提供と食器を戻してもらった時に留学生とちょっとした会話をしています。

二年生に進級したばかりの女子が初めて家庭教師のアルバイトをすると言います。私も学生時代に家庭教師や塾の講師を経験しているので、アドバイスをしたりします。一方、私の馴染みのカフェで働く若い女性スタッフも大学生で、塾の講師をしていて、「あなただったら、寮の女子大生にどんなアドバイスをしてあげますか?」と訊いてみました。すると、「教えている生徒には『自己肯定感』と『やる気スイッチ』を持たせるように指導しています」と言うのです。私は全く同感だったので、そのまま寮の女子大生に伝えたことがありました。

「勉強と筋肉は裏切らない」――先述したように、仕事や会社人事や出世には裏切られることがあるかもしれませんが、勉強は裏切らないと考えています。また、人生百年時代を元気に活き活きと生活するためには健康であることが不可欠です。高齢者は足腰から弱ってくると言われています。足腰を鍛え筋肉をつけ維持しなくてはなりません。

双方のことから、勉強と筋肉は裏切らないと、今でも日々勉強、ストレッチ、筋トレを欠かしません。

「継続することくらい簡単なことはない」――ちょっとキザに聞こえるかもしれませんが、継続することはそれほど難しいことではありません。なぜならあることを今日初めてできたとしたら、明日もまたできると考えるからです。そう信じて何事も積み重ねてきました。そのうちに、続けること継続することが自分の得意分野になってきたというわけです。

「仕事は遊びのように遊びは仕事のように」――このフレーズは、先述したように「練習は本番のように、本番は練習のように」のパクリで、私が思い付きました。仕事は真剣にやるべきものですが、遊びのように楽しんですると仕事も面白いものになります。一方、遊びもチャランポランではなく、仕事のように一生懸命にすると更に楽しくなるというものです。

「マネーリッチよりハートリッチに」——第六章は「お金持ちより友持ち」について述べました。それを英語のフレーズにしたものです。お金はあればあったで邪魔になりませんが、それだけでは寂しい。やはり愛する家族がいて、信頼できる友がいるとハート持ちになれます。

「毎年何か一つ新しいことを始める。そして続ける」——これは今の自分への戒めであり、チャレンジです。アンチエイジングでもあり、認知症予防であり、フレイル予防のためにもなり得ます。

◎理屈っぽい生活信条

ビル・ゲイツが大事にしているモットーは三つあるそうです。

①仕事を持つ　②遊び心を持つ　③忍耐をする

私は少しマネしてみました。

①勉強する　②遊び心を持つ　③感謝する

さすがにビル・ゲイツの方がストイックかと思いますが、②の遊び心を持つは一致しました。仕事も勉強も、遊び心を持つと肩の力が抜けてリラックスできるし、楽しめるし、かえってパフォーマンスも良くなるかもしれません。

◎得意淡然失意泰然

第一の職場で新人の時、同僚三人とともに当時の新宿支店で営業店研修を二～三週間受けました。その時、支店長から、何と読んで、どういう意味なのかを問われました。「トクイタンゼン、シツイタイゼン」と読み、「好調な時には、有頂天にならずに淡々と、不調で落胆した時はむしろ落ち着いて動じないようにすることだと思います」と答えました。するとその支店長は黙って頷くだけでした。私は何か説明や補足があるのではないか？　と期待しましたが、何も言わない指導もあるのだなと思いました。

恥ずかしながら社会人になって初めて出合った言葉だったので、未だに鮮明に覚えているし、特に良いことばかり続いた時には有頂天にならないように努めるようになりました。

◎人生を楽しんでいる男性の特徴

これはネット記事を見ていて、その通りかと思ったので自分へのエールとしています。

①発言や考え方がポジティブ　②健康に気を遣う　③他人の意見に左右されない

すべて今の私に当てはまることばかりだと気に入っています。ただ気を付けなければならないのは③だと思います。「他人の意見に左右されない」というのは、いつも他人の意見に反対ばかりしていることではありません。是々非々のスタンスで良いことは採り入れるし、主観的にも客観的にも間違っていると信じることは受け入れないか聞き流すようにしています。要するにブレない・・・・・スタンスを貫くことが肝要だと思います。

◎健康長寿のために実践すること

私は健康オタクです。だからといって通販の健康器具を買い漁《あさ》ったり、サプリメントばかりに頼っているわけではありません。

さまざまな情報を取捨選択し、自分なりに次の三つを動かし働かせることが大事だと考え行動するようになりました。即ち①頭を動かす（働かす）②身体を動かす（働かす）③心を動かす（働かす）ことだと思います。頭（ブレイン）、身体（フィジカル）、心（メンタル）を動かすこと。二点直線よりも三点三角形でバランスをとることが重要と考えます。

具体的には、「頭を動かす」には、外国語の勉強をする、新聞投稿する、金融経済証券ニュースをウォッチする、手紙を書く、ＬＩＮＥをするなどがあります。「身体を動かす」には、ストレッチ、筋トレをする、まいにち一万歩を続ける。ライブ演奏でダンスをする、ドラム演奏する、学生寮での仕事をするなどがあります。「心を動かす」には、映画、観劇、コンサートに足を運び楽しむ、韓流ドラマやテレビドラマを観て感動する。友だちと食事やお茶を楽しむ、他者と交流するなどがあります。

◎人生は敗者復活戦

コロナ禍で母校を優勝に導いた　仙台育英高校の須江監督の受け売りです。コロナ禍の三年間は生存するすべての人類にとって危機的状況で、本当に過酷な時期でした。政府による緊急事態宣言が出され全国の高校球児は練習もままならなかったはずです。須江監督のインタビューは誰の胸をも打つものでした。優勝したわが校の生徒よりも前に、「全国の高校球児を褒めてあげて欲しいと思います」と言い放ちました。高校野球で優勝旗を手にするのは予選から甲子園決勝戦まで勝ち抜いた一校だけです。その事実は誰が見ても明らかです。しかしながら惜しくも敗れ去った高校球児たちは次の春には、次の夏には、頂点に立つことを夢見て苦しい練習に耐え、コロナ禍のような逆境にも立ち向かうのです。

サラリーマンも同じこと。一度や二度の失敗や躓きで諦めず、何度でも立ち上がろう。

◎一生勉強一生青春（遊び心を大切に）

そして、ラストを締め括るのは、このフレーズです。私は第一の職場でプライベート名刺を作りました。その人生訓として一生勉強一生青春（遊び心を大切に）と記しました。私はそれほど頭脳明晰な方ではありません。しかしながら物心がついた時からずっと勉強してきたように思います。学校教育で勉強することだけに留まらず、人生において学ぶべきことは無限にあります。新しいことを知る喜び、先人の残したことに謙虚に学ぶ感動、目標地点に辿り着いた達成感などすべて人生の肥やしとなるものばかりです。

そして、遊び心を常に持ち続け、学び続けることこそ青春の証明だと信じます。

おわりに

第一の職場勤めの終わり頃に、自分の手で本を出版してみたいと考えていました。何度か複数の出版社の説明会などにも足を運びましたが、仕事の多忙さを言い訳に、時間ばかりが流れていきました。

フルタイムのサラリーマン生活を引退し、パートタイムの第三の職に就き落ち着いた頃、文芸社の出版相談会に足を運びました。そこで出版企画部の阿部俊孝さんと一時間話し込み、背中をポンと押していただき、出版を決意しました。

しかし、全く初めての本づくりなので、何をどう始めたらよいのか分からず途方に暮れました。しかし阿部さんから、「先ず目次を作りましょう。そして毎日少しずつでもよいので、原稿を書いていきましょう」と助言をいただいてからは、毎日、白紙や原稿用紙と向き合いました。目次づくりに半年以上かかったことは、まさに生みの苦しみとなりました。

目次の構成ができ上がってからは、毎日原稿を書き進めることができました。毎日通っている朝一カフェ元住吉店のスタッフの皆さん、及びカフェベーカリーの武蔵小杉店、みなとみらい店、代官山店、銀座店のスタッフの皆さんには気持ちよくテーブル席を提供していただき、温かい励ましもいただきました。

自筆の原稿の校正には、文化事業推進課アドバイザーの今井真理さんに大変お世話になりました。そして最後の仕上げには編集部の原田浩二さんの頭を悩ませ、何とかこの度、出版の運びとなったことは、ひとえに文芸社のスタッフの皆さんのおかげと感謝申し上げます。

第一部［私はザ・サラリーマン］では、「サラリーマンとは何か？」「サラリーマン生活とは何か？」ということについて、自分の経験を問い直しました。恥ずかしながら、自分の失敗談もたくさん盛り込みました。

最愛の妻を予期せぬ病で亡くし、十年が経過しました。恐らくこの度の初出版を、空の上から微笑みながら見てくれていると思います。

第二部［サラリーマン生活を30倍楽しもう］は、私自身の経験や、お世話になった方々から得た人生訓やノウハウなどを、どこからでも読んでいただけるように工夫しました。

世間から見れば私は、大会社の「はみだしサラリーマン」でしたが、サラリーマン生活を全うしました。そして今は、解き放たれたひとりのミドル・シニアとして、自由人として、自身の人生訓でもある「一生勉強、一生青春（遊び心を大切に）」をモットーにして、日々懸命に生きています。

本書がサラリーマンとしての読者の皆さんの何らかのヒントにでもなれば、筆者の望外の幸せと感謝しつつ、筆を擱《お》くことにいたします。

令和7年4月吉日

中村　憲二

企業・社員を幸せにするトータルコーディネーター
金沢・仙台をこよなく愛するコラムニスト
人生訓：一生勉強　一生青春（遊び心を大切に）

ファイナンシャルプランナー（CFP）
中村憲二
Nakamura Kenji
自分年齢38歳のアクティブシニア
歌って踊れるDCスペシャリスト

Mobil: [redacted]
E-mail:
K-mail:

（名刺表）

※好きな歌手：五木ひろし・ちあきなおみ
徳永英明・髙橋真梨子
※国内初のミシュラン居酒屋店主 中村重男は実弟
（2013年6月10日 NHKプロフェッショナルに出演）

活動内容

＊2020年の生活ポリシー＊

1. ワンランク上の資格を取得する
2. 毎日1万歩を継続する（連続3111日達成中）
3. 1年間に200本の映画を観る（昨年368本達成）
4. 新聞投稿を通じて社会と関わる
5. 旅・温泉で遊びリフレッシュな心身を保つ
6. 生ライブ演奏でディスコダンスを全ステージ踊る
7. 外国語を学んで脳を活性化する（英・伊・西・韓・中）
8. 食べ歩きで 馴染みのお店を見つける
9. コンサートで音楽センスと歌心を育む
10. カラオケスナック生ピアノ演奏で歌う

＊ 主な保有資格 ＊

日本FP協会会員 ファイナンシャルプランナーCFP
1級FP技能士（国家資格）
行政書士（国家資格）
宅地建物取引士（国家資格）
年金・相続・事業承継アドバイザー
DCアドバイザー & DCプランナー& iDeCoプランナー
消費生活アドバイザー（準国家資格）
プライベートバンカー（PBコーディネーター）
映画検定4級
ハングル能力検定4級（3級チャレンジャー）

（名刺裏）

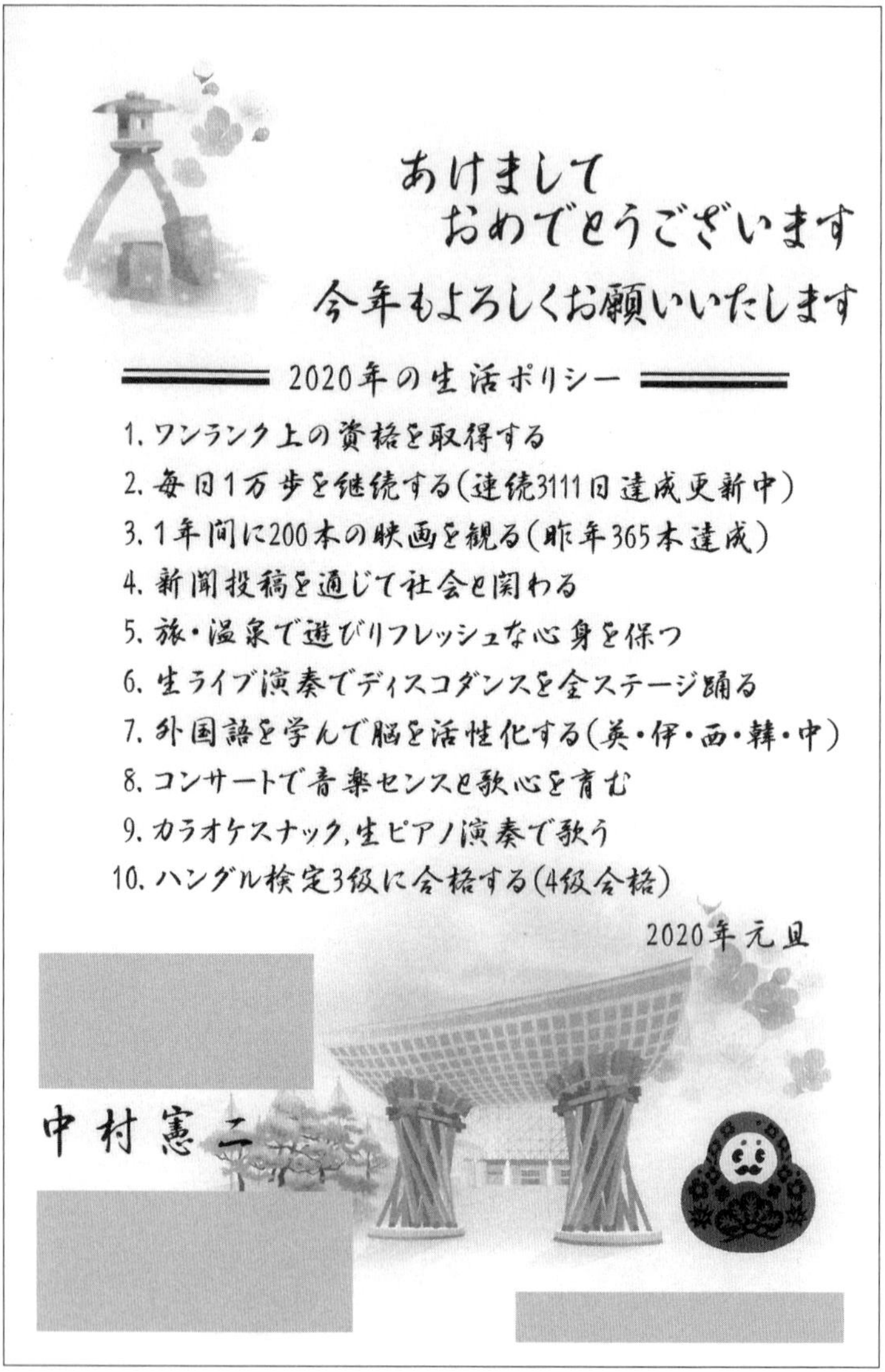
あけまして
おめでとうございます
今年もよろしくお願いいたします
2020年の生活ポリシー
1. ワンランク上の資格を取得する
2. 毎日1万歩を継続する(連続3111日達成更新中)
3. 1年間に200本の映画を観る(昨年365本達成)
4. 新聞投稿を通じて社会と関わる
5. 旅・温泉で遊びリフレッシュな心身を保つ
6. 生ライブ演奏でディスコダンスを全ステージ踊る
7. 外国語を学んで脳を活性化する(英・伊・西・韓・中)
8. コンサートで音楽センスと歌心を育む
9. カラオケスナック、生ピアノ演奏で歌う
10. ハングル検定3級に合格する(4級合格)
2020年元旦
中村憲二

年賀状（2020年）

あけましておめでとうございます
今年もよろしくお願いいたします

2024年元旦

アクティブライフを楽しむ
2024年10大目標

1. まいにち一万歩を継続する
2. ストレッチ・筋トレで免疫力をアップする
3. 出版する(処女作)
4. ドラムスキルをアップする
5. 漢検準1級に合格する
6. トリリンガルを目指す(日・英・韓)
7. ダンシングの幅を広げる
8. ジャズ喫茶を探訪する
9. 美味しい馴染みのお店を探訪する
10. 家族、孫たちと遊ぶ

中村憲二

年賀状（2024年）

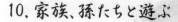

著者プロフィール

中村　憲二（なかむら　けんじ）

大阪生まれ大阪育ち。京都のＤ大学で学んだ関西人。新卒就職は大手損害保険会社。定年を機に知識と経験を活かして独立系投資信託運用会社に転身。

モットーは「一生勉強、一生青春（遊び心を大切に）」。知識欲旺盛だからか、有資格、ライセンスは80 種類。宅地建物取引士、行政書士、消費生活アドバイザー、１級FP 技能士、１級DC プランナー、CFP、DC アドバイザーなどの金融経済証券資格。食生活アドバイザー２級、魚食スペシャリスト、第１回環境検定、映画検定、ハングル検定４級、秘書検定２級、合気道二段など。

趣味は映画鑑賞、コンサート、公演、観劇、カラオケ、ドラム演奏、ハングル勉強、まいにち１万歩など。現在は有名私立大学学生寮調理補助業務に就く自由人。

サラリーマン生活を30倍楽しくする本

2025年４月15日　初版第１刷発行

著　者　中村 憲二

発行者　瓜谷 綱延

発行所　株式会社文芸社

〒160-0022　東京都新宿区新宿1－10－1

電話　03-5369-3060（代表）

03-5369-2299（販売）

印刷所　TOPPAN クロレ株式会社

ISBN978-4-286-25882-9